一切唯心造

일체유심조

■ 지은이(글·그림) **천명일**

경북 문경에서 태어나 산성할아버지로 우리에게 잘 알려진 설원 선생은 한학자로, 불교경전 연구가로, 또 고대전통침구학자로 많은 활동을 하고 있다.

부산 說園, 불교대학, 부산 국군통합병원 등에서 강의하였고, 부산 불교경전연구원장을 역임 하였다.

최근 T-broad 케이블 TV에서 〈산성 할아버지의 신사고 한문이야기〉의 방송강연을 통해 한문 을 보는 새로운 지견을 제시하여 방송가의 화제가 되기도 하였다.

월드이벤트와 새로넷에서 〈산성 할아버지의 우리 민속 이야기〉, 〈도덕경 노자의 길〉을 주 제로 방송 출연하였으며, 하우교육방송에서 〈산성 할아버지의 신사고 한문이야기〉를 재방 영하였고, 〈산성 할아버지의 사람이야기〉를 방영하였다.

또한 설원 선생은 우리나라 고대 전통침구학의 최고 전문가로서 연구 저서인 『신침입문』은 심 령의학적인 측면에서 혈명 명해론을 근간으로 침구학뿐만 아니라 의학계에 새로운 지평을 열 었다는 평가를 받고 있으며, 대학에서 침구학을 공부하는 후학들에게 침술의학의 새로운 이정 표가 되고 있다.

현재 부산 說園에서 경전 및 고대 전통침구학을 연구·강의하고 있다.

저서로 『보통사람』『空無虛』『智見』『大方廣佛 圓覺經』『南無』『世界와 衆生界가 생기는 이 유』『鍼灸學基初』『神鍼入門』『천수경』『에밀레』『이야기 천자문』『절로 가는 길』『배꼽밑에 지혜의 등불을 밝혀라』『수능엄경·상·중·하』『백문백답』『가지산 이야기』『마음이나 알자』 『무량의경』『원각경』등이 있다.

연락처 : 부산說園 010-4857-5275 홈페이지 : www.seolwon.net

유튜브 : 설원설법원

一切唯心造

일체유심조

천명일 지음

지혜의나무

목차

서문

이 책에서 필자는 일체유심조一切唯心造의 불가사의에 관해 얘기하고 있습니다. 일체가 마음으로 창조되었다고 하는 일체유심조一切唯心造 얘기를 하자니 마음摩陰은 도대체 어디로부터 어떻게 해서 생기게 되었는가를 아니 밝힐 수가 없습니다.

또한 마음의 생원설과 저 마음이 일체를 창조해내는 그 행위가 곧 음양오행陰陽五行의 조화이므로 마음의 생원설을 밝힘과 동시에 음양오행의 생기설生起說을 밝히겠습니다.

이 마음의 생원설과 음양오행의 생기설은 인류

역사상 없는 이야기입니다. 그렇다고 추호도 의심일랑 하지들 마세요. 왜냐하면 지금 필자가 펴고 있는 이야기들은 첫째로 논거論據가 확실합니다. 그 논거는 바로 해인사海印寺의 팔만대장경八萬大藏經입니다.

둘째로는 심증心證이 확실합니다. 그 심증으로는 온 인류 누구나가 쓰고 있는 마음을 가지고 얘기하고 있기 때문입니다.

셋째로 물증物證은 충분하고도 남습니다. 그 충분한 물증은 오늘날 과학도들이 눈에는 보이지도 않는 전자電子를 가지고 별난 장비들을 숱하게 세상에 쏟아놓는 것들 입니다.

필자는 이 책에서 잠깐 황야의 무법자가 되겠습니다. 옛날 서부 개척사를 보면 황야의 무법자들이 잃어버린 인류의 양심을 되돌려놓고 있듯이 필자는 이 책에서 잃어버린 인류의 지혜를 되돌려놓고 있습니다. 그래서 자칭 망령忘靈의 무법자無法者라

칭하렵니다.

이렇게 망령의 무법자가 되어서는 인류가 잃어 버린 태곳적부터의 지혜인 수많은 수수께끼의 답 들을 이 책에서 되돌려놓고 있습니다.

그런데 왜 하필이면 '얘기'라고 하는가?

고서古書나 불경佛經은 모두 사구시어四句詩語로 되어 있습니다. 그런데 고대 한시漢詩로 된 사구시 어는 직역을 하자니 문맥文脈에 막히고, 그 뜻에 따 라 의역義譯을 하자니 무량의無量義에 기겁을 하게 됩니다.

그러므로 가장 쉬운 우리말 이야기로 수많은 책 을 펴내기도 했습니다. 그래서 필자의 이야기책들 은 소중한 지혜의 보고가 될 것입니다.

그 이유는 누구나 자신을 깨닫고 아는 해각解覺 의 '궐월闕越(呪)'이기 때문입니다. 해각解覺의 궐월 (呪)은 누구나 자기 자신의 몸과 마음의 밑바탕에 깔려 있는 묘각의 각성을 느끼도록 해놓고 있습니다. 누구나 자신의 몸과 마음을 거울에 자신의 얼굴을 비춰보듯이 해 놓았습니다.

자신의 몸과 마음을 환히 다 보고 다 아는 묘각의 각성을 이 글을 통하여 누구나 느낄 수 있도록 도왔습니다. 그래서 누구든지 자신을 환히 다 보고 다 아는 자가 곧 묘각妙覺의 빛 각성覺性임을 느낄 수만 있다면 그는 조건 없는 행복에 신명이 절로 일어날 것입니다.

이때에 비로소 일체유심조一切唯心造의 불가사의를 깨닫고 지금 이 마음이야말로 일체를 창조한 창조주요 지금 나 자신을 직접 구해주는 구세주가 되고 있음을 알고 마침내 전지전능한 자신의 마음까지도 훌쩍 벗어버리고 영생의 무생법인無生法忍에 머무는 지혜를 깨칠 것입니다.

그리고 이 책에 필자의 시서화를 첨부하였습니다.

안녕

1. 대각大覺 석가세존釋迦世尊

一切唯心造

석가세존은 보리수나무 밑에 앉아서 6년 만에 대각大覺을 성취하셨습니다.

대각大覺을 성취했다는 뜻은 자신의 내면에 깨어 있는 청정 묘각의 빛 각성이 시방 제불세계에 두루 가득히 충만하게 되었음을 말합니다. 이것을 곧 성불成佛이라고 말합니다.

석가세존은 성불을 하시고 곧바로 무량한 삼매를 총칭한 해인삼매海印三昧에 드셨습니다. 그 해인삼매海印三昧 중에서 부처인 석가세존 자신의 삼신불三身佛을 다 보셨습니다.

그때 보신 삼신불三身佛의 이름은

청정법신淸淨法身 비로자나불과

원만보신圓滿報身 노사나불과

천백억화신千百億化身의 석가모니불입니다.

이렇게 석가세존 한 몸이 삼신불三身佛로 구족된 성불의 참 모습을 환히 다 보신 기록의 경전經典이 있습니다. 그 경전의 이름은 대방광불화엄경大方廣佛華嚴經입니다.

물론 성불한 세존의 모습이기도 한 저 대방광불화엄경의 실상을 먼 데서 바라본 대보살 마하살들도 무량하게 있었습니다. 이분들이 모두 함께 해인삼매 중에서 주고받은 대화의 기록이 곧 대방광불화엄경입니다.

대방광불화엄경은 석가세존께서 열반하신 후 500년 뒤에 편찬된 경입니다. 전설에 의하면 용수龍樹 보살이 해인삼매海印三昧를 은유한 바다의 용궁에 들어가서 그 용궁에 잘 저장되어 있는 무량한 화엄경의 내용 중에서 황소의 털 한 오라기만큼을 가지고 이 세상에 나오셨다고 합니다.

그때에 가지고 나온 황소 털 한 오라기를 새롭게

편집해서 이 세상에 내놓은 화엄경華嚴經이 지금의 81권 대방광불화엄경이라고 합니다.

대방광불화엄경大方廣佛華嚴經이라고 하는 경전 이름의 뜻을 수많은 화엄학자들이 말씀한 기록들은 너무나 어려워서 필자가 쉬운 우리말로 풀어서 이해를 돕자면, '다방면으로 장광설을 하신 부처님의 빛나는 장엄의 경'이라고 할 수 있습니다.

세존께서는 성불成佛을 하시고 곧바로 부처님의 눈인 불안佛眼으로 일체 만법의 근본 뿌리를 환히 다 보셨습니다. 불안으로 보신 일체 만법의 뿌리는 곧 마음摩陰이 되고 있었습니다.

그러므로 마음이 곧 일체 만법의 창조주요 구세주임을 보시고는 다음과 같은 게송을 읊으시었습니다.

약인욕요지若人欲了知
삼세일체불三世一切佛

응관법계성應觀法界成

일체유심조一切唯心造

누가 만법의 근본 뿌리를 알고자 하면

삼세의 모든 부처님과 세계와 중생계도

모두 마음이 다 창조하였음을 보리라.

　석가세존께서 성불하시고 불안佛眼으로 보신 일체 만법의 뿌리는 곧 마음으로 귀결되었습니다. 그러므로 마음을 제대로 알고 마음만 벗어 던지면 일체 고뇌란 어디에도 있을 수 없음을 보셨습니다.

　그래서 세존께서는 우선적으로 저 마음이 생기게 된 까닭과 그 마음의 성리가 되고 있는 음양오행陰陽五行의 생기설을 수능엄경에서 잘 밝혀 두셨던 것입니다.

　고금을 통하여 대단한 성인이 세상에 많았지만 그분들은 자기가 스스로 쓰고 있는 마음에 대해서

는 아무것도 밝힌 바가 없습니다. 있다면 마음을 잘 쓰란 훈고학밖엔 없습니다.

그래서 지금 필자는 여기서 마음의 입술인 무량한 학설과 심맹心盲들의 점자인 숱한 종교의 망리妄理와 마음의 환상인 과학科學을 부처님의 6지六智로 살펴보겠습니다.

6지六智란 곧 불지佛智, 여래지如來智, 무사지無師智, 연각지緣覺智, 자연지自然智, 세지世智입니다. 이러한 6지로 마음의 생원설生原說과 마음의 성리학인 음양오행陰陽五行의 생기설生起說을 밝힘으로써 저 모든 만법이 창조된 근본 뿌리가 확연히 드러날 것입니다.

그러므로 온 인류는 새롭게 마음의 눈을 뜰 것입니다. 새롭게 눈을 뜨는 그 이야기를 지금 여기서 밝히고 있습니다.

석가세존께서는 묘각을 원만히 성취하시고 나서 곧바로 일체 만법의 창조주요 구세주는 마음이라고 직언을 하셨습니다.

고금을 통하여 모든 종교의 창시자들은 자기의 몸과 마음 밖에서 전지전능한 유일신을 찾았습니다. 이렇게 자기 몸 밖에서 허구의 신을 찾다보니 인류는 엄청난 자기상실증에 빠지고 말았습니다.

인류 역사상 석가세존만이 자신의 안에서 만법의 창조주요 구세주인 마음을 발견하셨습니다. 그러므로 마음의 생원설과 그 마음의 성리학인 음양오행陰陽五行의 생기설을 밝힐 수 있었던 것입니다.

그래서 필자는 세존이 밝혀 놓으신 마음의 생원설과 그 마음의 생리학인 음양오행陰陽五行의 생기설을 손짓 발짓을 해 가면서라도 온 인류에게 귀뜸을 좀 해 주려고 지금 여기서 이 글을 쓰고 있습니다. 說主

2. 사상四相을 구족한 마음摩陰

笑歸來美

어째서 마음이 성불도 시켜주고 일체 만법의 창조주가 될 수가 있을까 하는 그 의문에 대해서는 충분한 논거와 심증과 물증이 있습니다.

그 논거로는 카필라국의 왕자 싯다르타 석가모니께서 인간의 몸으로 실제로 성불을 하셨습니다. 성불하시고 마침내 팔만대장경八萬大藏經을 설해 두셨으니 그 이상의 논거가 어디에 또 있겠습니까?

그리고 심증으로는 일체중생들이 다 저마다 제 마음을 쓰고들 있으니 이 이상의 심증이 또한 어디에 있겠습니까?

또 그 물증으로는 오늘날 과학문명은 모두가 마음으로부터 나왔습니다. 저 공중을 나는 우주선이

나 비행기는 무슨 종교의 이름으로 창조되었거나 그 신들의 주술로 생산된 것이 아닙니다. 모두가 지금 우리가 쓰고 있는 마음에서 나온 것입니다. 그러므로 마음摩陰 이상 충분한 논거와 진실한 심증과 확실한 물증이 어디에 또 있겠습니까?

결론부터 말씀을 드리면 저 마음摩陰은 묘각妙覺의 빛, 각성覺性의 여명黎明입니다. 그러므로 마음은 묘각의 그림자입니다. 그림자는 본체와 매우 흡사합니다. 흡사한 이 점이 참으로 안타까운 마음의 불가사의입니다.

그러므로 마음을 가지고 성불도 하지만 저 마음이 마왕도 됩니다. 이러한 심각한 문제는 다 마음이 부처님을 많이도 닮고 있다는 점입니다.

그래서 마음은 천상천하天上天下에 제일인 유아독존唯我獨尊입니다. 다만 부처님은 사상四相 없는 상으로서의 유아독존唯我獨尊입니다. 하지만 저 마음은 사상四相이 구족된 천상천하에 유아독존입니다.

그래서 내가 누구라는 아상我相과,

내가 제일이란 인상人相과,

남을 지배하려고 하는 중생상衆生相과,

죽기를 싫어하는 수자상壽者相을 갖고 있습니다.

다만 성불成佛하신 부처님께는 사상四相이 있을 수가 없습니다. 비유하면 태양에 그림자가 있을 수가 있겠습니까?

그런데 마음의 사상四相은 무엇으로도 깨부술 수 없이 강강強强한 다이아몬드와 같은 금강석金剛石입니다. 그래서 사상이 전연 없는 묘각여래도 좀처럼 마음은 깨어 부술 수가 없다고 합니다. 때문에 세존께서는 마음을 깨어 부수는 금강반야 600부를 설해 두셨던 것입니다.

그러면 무엇을 사상四相이라 하는가?

첫째, 마음은 항상 내가 누구라는 아상我相과

둘째, 마음은 항상 제가 잘났단 인상人相과

셋째, 마음은 항상 남을 지배하려는 중생상衆生相과

넷째, 마음은 항상 오래 살려고 하는 수자상壽者相이 있습니다.

모든 부처님을 제외하고는 보살과 벽지불과 나한들까지도 사상四相은 다 가지고 있습니다. 다만 차원이 조금씩 다를 뿐입니다.

우선 보살의 사상四相은 깨달음을 알고 있는 아상我相이 있습니다.

그리고 불가사의한 삼매三昧가 있으므로 인상人相이 있습니다.

또한 중생을 구원을 하겠다는 발원이 있으므로 중생상衆生相이 있고,

필경 무생법인無生法忍에 안주하고 있으므로 수자상壽者相이 있습니다.

벽지불이나 나한羅漢의 사상四相은 좀 다릅니다.

마음 없음의 무아無我가 아상我相이고,

사람으로는 다시 태어나지 않음이 인상人相이고,

중생衆生을 멀리하므로 중생상衆生相이 있고,

불생불멸의 열반상涅槃相이 있으므로 수자상壽者相이 있습니다.

일반 중생의 사상四相은 지독히 특별합니다. 좋은 예로 침이나 뜸으로 살갗을 찌르거나 불로 지져 보세요. 그러면 단박에 사상四相이 동시다발적으로 드러납니다.

단박에 "아얏" 하는 아상我相과

더불어 오만상을 찡그리는 인상人相이 있고

그와 동시에 "왜? 찔러!" 하고 남을 탓하는 중생상衆生相과

"나 죽겠네!" 하는 수자상壽者相이 곧 바로 드러납니다.

그러나 정반대로 입자분의 -18승에 있는 마음을 지나서 마음분의 -21승에 있는 저 청정 묘각에 무

슨 상이 있겠습니까? 그러므로 성불하신 제불에게
는 티끌만한 허물이 전연 있을 수가 없습니다.

하지만 저 묘각妙覺의 그림자로 생긴 사상구족의
마음을 가지고 사는 중생들은 '거족동념擧足動念 무
비시죄업無非是罪業'이라고 하셨습니다.

그래서 마음을 제 맘대로 할 수 있거나 제 마음
과 싸워서 이길 수 있는 중생은 아무도 없습니다.
다만 성불을 앞둔 대보살 마하살들을 제외하고는
아무도 없습니다. 억천만겁에 성불하시는 대보살
마하살들을 제외하고는 그 누구도 마음을 이길 자
가 없는 것입니다.

그런데 대보살 마하살들도 성불을 하자면 불가
피하게 마음을 가지고 육바라밀을 닦아야만 합니
다. 하지만 성불할 시점에 가서는 반드시 마왕으로
은유된 마음을 항복받습니다. 항복을 받아야만 부
처님의 18불공법十八不共法에 들어갑니다.

18불공법十八不共法이란 부처님의 공덕으로 성문, 연각, 보살 등과는 다른 부처님께만 있는 18가지공덕을 말합니다.

그 18가지공덕은

① 신무실(身無失) - 몸의 모든 행위가 지혜의 행을 따르니 '몸에 부족함이 없다'고 합니다.

② 구무실(口無失) - 입으로 짓는 행위가 지혜로워 '입에 부족함이 없다'고 합니다.

③ 의무실(意無失) - 생각으로 짓는 행위가 지혜로워 '뜻에 부족함이 없다'고 합니다.

④ 무이상(無異想) - 부처님은 모든 중생들을 분별하지 않아 '차별된 생각이 없다'고 합니다.

⑤ 무부정심(無不定心) - 부처님은 항상 선정에 있음으로 '안정되지 않은 마음이 없다'고 합니다.

⑥ 무부지이사(無不知已捨) - 부처님은 모든 법을 아시고 '알고 나서 버리지 않음이 없다'고 합

니다.

⑦ 욕무감(欲無減) - 부처님은 중생을 제도함에 있어 '의욕이 줄어듦이 없다'고 합니다.

⑧ 정진무감(精進無減) - 부처님은 중생을 제도함에 쉼이 없으므로 '정진에 줄어듦이 없다'고 합니다.

⑨ 염무감(念無減) - 부처님은 삼세의 모든 불법에 대해서 지혜가 상응하므로 '생각에 줄어듦이 없다'고 합니다.

⑩ 혜무감(慧無減) - 부처님은 십력·사무소외 등의 모든 지혜를 성취하였으므로 '지혜에 줄어듦이 없다'고 합니다.

⑪ 해탈무감(解脫無減) - 부처님은 유루(有漏)와 무루(無漏)의 해탈을 모두 갖추었으므로 '해탈에 부족함이 없다'고 합니다.

⑫ 해탈지견무감(解脫知見無減) - 부처님은 모든 해탈을 분명하게 알아 '해탈지견에 모자람이

없다'고 합니다.

⑬ 일체신업수지혜행(一切身業隨智慧行) - 몸으로 행위를 할 때 모든 업을 아시고 지혜롭게 하신다고 합니다.

⑭ 일체구업수지혜행(一切口業隨智慧行) - 입으로 행위를 할 때 모든 업을 아시고 지혜롭게 하신다고 합니다.

⑮ 일체의업수지혜행(一切意業隨智慧行) - 뜻으로 행위를 할 때 모든 업을 아시고 지혜롭게 하신다고 합니다.

⑯ 지혜지견과거세무애무장(智慧知見過去世無礙無障) - 부처님의 지혜는 과거세를 앎에 있어 걸림이 없다고 합니다.

⑰ 지혜지견미래세무애무장(智慧知見未來世無礙無障) - 부처님의 지혜는 미래세를 앎에 있어 걸림이 없다고 합니다.

⑱ 지혜지견현재세무애무장(智慧知見現在世無礙無

障) - 부처님의 지혜는 현재세를 앎에 있어 걸림이 없다고 합니다.

부처님께서는 헤아릴 수 없는 오랜 겁 동안 계·정·혜·자비로서 몸과 말과 생각을 닦아 모든 공덕을 갖추어 일체의 죄와 번뇌와 습기 등을 없애셨기에 착하지 않은 것이 없으십니다.

그리고 부처님의 지혜는 과거·미래·현재의 세상을 비추어 삼세(三世)의 모든 법과 일을 두루 다 알아서 행하시기에 모든 것에 걸림이 없다고 합니다.

그 공덕의 힘이 무량하기에 모든 중생들에게 나누어 주어도 부족함이 없습니다.

중생들은 그 공덕의 힘으로 가피를 얻어 소원을 성취한다고 합니다.

18불공법에 들어가지 않고서는 마음을 이길 수가 없습니다. 마음을 항복받고 나면 그는 그 누구도 이길 자가 없는 무능승자無能勝者가 됩니다.

저 마음을 항복받지 못한 유일신이나 사상구족의 마왕魔王들과 자재천마가 붙은 사이비 교주들은 모두 자신의 마음을 다 항복받지 못한 사상四相을 구족한 마음의 화신들입니다. 그러므로 허물투성이로 천하를 어지럽게 하다가 다 무간지옥으로 갔습니다.

이와 같이 사상四相을 구족한 마음은 선한 쪽으로는 만덕 만선을 갖춘 성인이 되지만 악한 쪽으로는 천하에 몹쓸 종교의 교주나 정치 패륜아도 됩니다.

이 모두는 참으로 불가사의한 마음의 사상四相이 빚어내는 허물들입니다. 그래서 성불을 앞둔 대보살 마하살들은 누겁 동안 육바라밀을 닦기 위하여 잘 써온 마음부터 반드시 항복을 받아 냅니다. 그러므로 성불하신 제불여래諸佛如來에게는 티끌만한 허물이 한 점도 없습니다.

이렇게 성불을 앞둔 대보살들은 제 마음부터 항

복을 받아내는 요식이 반드시 있습니다. 그 요식의 이름을 항마상降魔相이라 합니다. 항마상降魔相의 큰 요익은 스스로 보는 눈을 보게 된다는 기쁨입니다.

아, 이제 알겠습니다.

앞으로 56억 7천만 년 후에 바로 이 지구촌에 나오실 미륵세존님도 성불하시는 순간에는 반드시 석존처럼 마음을 항복받는 항마상降魔相이 있을 것입니다.

그 까닭은 저 묘각의 여명으로 생긴 마음을 벗어버리지 않고서는 스스로 보고 있는 제 자신의 눈을 스스로 돌이켜 볼 수가 없기 때문입니다.

그래서 비록 성불까지 시켜준 고마운 마음이지만 이 마음을 끝내는 항복받아야만 합니다. 그렇지 않고서는 여래 묘각의 불가사의라 이름하는 18불공법에 들어가지 못합니다. 18불공법에 들어가야만 그때 비로소 자신이 스스로 보고 있는 눈을 볼 수가 있습니다.

그래서 법화경法華經에 보면 대단한 묘음보살妙
音菩薩도 세존과 함께 한자리에 앉아 계시는 다보
여래多寶如來를 뵈올 수가 없었습니다. 그래서 부득
이 석가세존의 가피력을 입고서야 다보여래를 친
견할 수 있었던 것입니다.

일체중생은 말할 것도 없고 저 대보살 마하살들
까지도 제 스스로 보고 있는 눈은 절대로 보지를
못합니다. 그 까닭은 빛은 앞으로만 직진하기 때문
입니다. 빛은 제가 나온 대광명장 쪽으로는 절대로
돌이켜 비추지 못합니다. 그래서 눈은 앞은 잘 보
지만 제 스스로 보고 있는 제 눈은 돌이켜 보지를
못합니다. 다만 마음을 항복받고 성불하기 전에는
말입니다.

마음을 항복받은 여래묘각의 눈 불안佛眼은 무
량 대공덕장엄의 눈입니다. 그래서 성불의 필수덕
목에는 꼭 마음을 항복받는 항마상降魔相이 있습

니다.

마음을 항복받고 나면 일체 중생과 일체 성중과
도 함께하지 않는 18불공법에 들어갑니다.

그러면 사상구족四相具足의 마음摩陰은 과연 어
떻게 해서 생기게 되었을까? 먼저 답부터 드리면
청정묘각의 빛 각성의 여명이 곧 마음입니다.

필자는 석가세존의 가피력으로 지금 여기서 수
능엄경에 기록되어 있는 마음의 생원설과 마음의
성리학인 음양오행陰陽五行의 생기설을 밝혀 두겠
습니다. 說主

3. 마음摩陰의 생원설生原說

說園說法院

묘각妙覺은 명묘明妙하고 그 빛 각성覺性은 묘명妙明하다고 했습니다. 이렇게 명묘明妙하고 묘명妙明한 묘각의 빛 각성은 무량 대광명장無量大光明藏입니다. 그 무량 대광명장의 빛은 연부단금빛이라 합니다.

또한 그 염부단금빛은 밝기가 저 태양의 빛보다도 십조 배나 더 밝다고 합니다. 그래서 만약 저 묘각의 빛이 해와 달을 비추게 된다면 그렇게도 눈부시게 밝던 태양도 새까만 먹 덩어리가 된다고 합니다.

저렇게 밝은 묘각의 빛 그 여명黎明이 곧 마음摩陰입니다. 그렇다면 그 묘각의 빛의 여명은 어떻게 해서 생기게 되었을까?

그 여명이 생긴 이치만 알면 마음이 생긴 까닭을 알게 됩니다. 그래서 저 묘각의 그림자인 여명이 생긴 까닭을 설명해 보려고 합니다. 설명을 하자니 불가피하게 은유비유隱喩譬喩의 논리학을 빌리지 않을 수 없습니다.

저 의미유추의 논리학이란 필자가 태양을 비유로 해서 마음의 생원을 밝혀 본다는 얘기입니다. 지금 온종일 밝았던 태양이 서산으로 막 넘어가고 있습니다. 저 태양이 지평선 너머 서쪽으로 넘어가고 나니 곧바로 천지에는 붉은 황금색으로 노을이 황홀하게 일어납니다. 해는 이미 서쪽으로 넘어갔지만 말입니다.

묘각의 밝음으로 묘각의 여명도 이와 같은 이치로 생기게 되었습니다. 노을이 일어나서는 한참은 천지가 환하게 밝습니다. 밝다가는 서서히 어둑해집니다. 어둑하다가는 마침내 깜깜해집니다.

이렇게 노을이 삼단계로 서서히 변화되었듯이

묘각의 여명인 마음의 세 가지 독특한 속성도 그와 같은 이치로 생기게 되었습니다.

필자는 참으로 불가사의한 마음의 생원을 밝히면서 불가피하게 제불의 여섯 가지 지혜를 빌리고 있습니다. 그 여섯 가지 지혜는 불지佛智, 여래지如來智, 무사지無師智, 연각지緣覺智, 자연지自然智, 세지世智를 말합니다.

이 6지智 중에서 지금 필자가 저녁노을의 자연현상을 가지고 마음의 생원에 비유한 논리는 자연지自然智입니다. 바로 이 자연지를 가지고 일단 독자로 하여금 쉽게 이해가 되도록 설명하겠습니다.

그리고 보다 심심 미묘한 마음의 뿌리인 묘각妙覺의 무량의無量義는 불지佛智와 여래지如來智가 없으면 알 수가 없으므로 무사지無師智, 연각지緣覺智로써 만법의 진리를 깨치도록 이해를 돕겠습니다.

지금 서산으로 해가 지고 나면 한시적으로 처음에는 환하게 밝았다가 서서히 어둑해지고, 어둑하다가 마침내 캄캄해집니다. 이와 마찬가지로 저 마음의 독특한 속성 세 개 삼성도 그와 같은 이치로 생기게 되었습니다.

마음의 속성 세 개 삼성이란, 처음 환하게 밝은 영역은 밝게 깨어 있는 양성陽性의 의식계意識界입니다. 그리고 서서히 어둑한 영역은 곧 이쪽저쪽을 요리조리 생각해 보는 중성中性의 잠재의식계潛在意識界입니다. 그리고 마침내 캄캄한 영역은 잠든 상태와 같은 마음의 무의식계無意識界입니다.

아, 보라. 저 태양의 노을이 삼단으로 변이가 되었듯이 묘각의 여명인 마음도 이렇게 해서 삼단으로 변이가 되면서 마음에는 독특한 속성 세 개가 존재하게 되었습니다.

필자가 지금 하고 있는 마음의 속성 세 개 얘기는 저 독일의 심리학자 프로이드 박사의 것입니다. 박사의 학설을 필자가 빌려서 지금 마음摩陰의 속성 세 개인 삼성의 생원生原을 밝히고 있습니다.

그러나 필자가 말하는 마음의 생원설은 모두 수능엄경에 근거하고 있습니다. 필자는 일찍이 수능엄경을 우리말로 해설하는 과정에서 심오한 마음의 생원설과 음양오행의 생기설을 발견했습니다. 물론 세존의 가피력입니다.

필자는 통도사 금강계단에서 석가세존을 직접 친견했습니다. 세존께서는 문수·보현보살과 함께 금강계단 법당 마룻바닥에 그냥 그대로 나란히 앉아 계셨습니다.

세존이 앉아 계신 좌우에는 문수보살과 보현보살이 함께하셨습니다. 필자는 너무나 존엄하신 세존을 뵙는 순간 감개가 무량한 나머지 걷잡을 수 없는 눈물을 하염없이 흘렸습니다.

만고에 더 이상 없이 존귀하신 세존님을 뵈오니 너무나 반갑고 황공하여서 저절로 무릎이 꿇어지고 마룻바닥에 오체를 투지하였습니다. 그리고 마룻바닥에 엎드려서 한없이 울었습니다.

너무나 반갑고 반가워서 감당할 수 없는 눈물을 흘리면서 세존께 여쭈었습니다.

"세존이시여, 세존께서 대장경에 아니 하신 말씀은 하나도 없습니다. 그런데 제가 알고 싶은 인체 생리와 경혈학經穴學에 대한 내용은 없는 듯합니다."

그러자 좌우에 앉아 계시던 문수보살과 보현보살께서 미소를 머금고는 "우리도 침구를 하는데"라고 하시는 말씀에 너무나 놀라워서 더더욱 감격했습니다.

세존은 필자가 알고 싶어 하는 내용을 다 아시고는 필자 앞에서 일어서시더니 금방 화작인간 한 분을 만들었습니다.

그 화작인간은 유리처럼 투명했습니다. 투명한 화작인간을 통하여 인체 생리를 환히 다 볼 수가 있었습니다. 부사의하게도 인간 창조의 신비와 인체 해부생리가 자세히 다 보였습니다.

素女偈

世人愛數女性美
多情良感人懷美
多讀書籍知性美
參禪修行神鮮美
讀經書寫覺性美
是故素女五美偈

重山曉雲書畫詩
曉雲

그 투명한 화작인간을 통하여 세존께서는 필자에게 고전 침구학의 모든 신비도 다 보여 주셨습니다. 그러므로 필자가 하는 모든 학설은 일반 상식같이 기억으로 아는 것이 아니고 눈으로 환히 다 본 얘기들입니다. 이렇게 사물을 환히 보듯이 보는 것을 지혜智慧라 합니다.

이때에 보고 깨달은 불가사의한 생체해부학의 신비를 이 책에서도 조금 밝히고 있습니다.

물론 마음의 생원설과 음양오행의 생기설도 구체적으로 보았기에 잘 밝혀 보겠습니다.

사실 필자는 19세 때 상주 남장사南長寺에서 삼칠일 만에 불법의 모든 신비를 세존의 가피력으로 다 보았습니다. 그렇기 때문에 쉬운 우리말로 자연스럽게 수능엄경을 해설할 수가 있었고, 지금 여기서 마음의 생원설과 음양오행의 생기설을 비롯해서 인간 창조의 생태학을 두려움 없이 설파하고 있습니다.

혹 필자가 체험한 가피력이 무엇인가 좀 알고 싶으신 분들은 필자가 내놓은 다수의 책을 읽어 보시라고 권해 둡니다.

경전 공부를 해보신 스님들은 잘 아실 것입니다. 특히 수능엄경은 너무나 어렵고 난해합니다. 그 이유는 불교 과학서인 수능엄경을 가지고, 그것도 가뜩이나 난해한 한문 사구시어四句詩語로 기록해 놓았기 때문입니다. 그래서 석학들도 쉽게 읽을 수가 없습니다.

그러므로 불경은 설사 한문권 안에서 살았던 논사들도 읽기는 읽어도 뜻을 알기는 쉽지 않습니다. 가뜩이나 한문조서漢文造書의 철리는 육서六書라 해서 인간의 육감으로 느끼는 여섯 가지 의미를 한 글자에다가 다 담아놓고 있습니다.

그렇다 보니 한문 한 글자의 뜻(義)은 무량의無量義로 넘치고 있습니다. 이렇게 무량의로 넘치는 경문은 누가 어떤 시각에서 어떻게 느끼느냐에 따라서 무량한 지각에 반연이 되고 있으므로 누가 어떻게 번역을 하고 어떻게 의역을 해도 별무리는 없습니다.

세존은 열반경 문자품에서 모음母音과 자음子音이 붙어서 글자가 되고 있는 음서音書나 뜻(意)글자인 완자完字의 뜻(義)은 모두가 여래장如來藏이라고 하셨습니다. 필자는 그 완자完字는 곧 한문漢文이라고 정의를 하고 있습니다.

그러므로 한문漢文에는 6지六智가 있습니다. 그 6지六智가 없는 사람이 한문으로 기록된 경전을 보고 번역飜譯을 하려고 들면 단박에 문맥文脈이 콱콱 막힙니다. 그리고 그 경문의 뜻(義)을 의역義譯을 하려고 들면 무량의無量義에 기겁을 합니다.

그래서 화엄학華嚴學의 초조初祖이신 신라 때 의상대사義相大師는 자신의 이름을 여래장如來藏을 뜻하는 무량의無量義 '의義' 자에 곧 무량의無量義의 실상實相을 뜻하는 '상相' 자를 따서 '의상義相'이라 이름하였습니다.

그러므로 혹 의상義相 대사의 상相 자를 물 이름 상湘으로 표기한 의상義湘을 의상義相으로 바로 잡아 놓아야 합니다.

이러한 가피력으로 필자는 경전을 쉬운 우리말 이야기로 풀어서 해설을 많이 해 왔습니다. 물론 부처님의 가피력임을 다시 한 번 더 고백해 둡니다. 說主

4. 일월日月의 생원설生原說

묘각의 빛 각성의 여명으로 마음이 생겼습니다. 그 마음이 고요한 정靜 쪽으로는 저 무변 허공계가 되었습니다. 그리고 저 마음의 삼성이 서로 밀고 당기면서 저 무변 허공계가 동動하게 되면서 시방 세계가 창조되었습니다.

그리고 저 시방세계가 창조되면서 동시에 지금 우리가 보는 해와 달도 생기게 되었습니다. 저 해와 달이 생기게 되는 그 생원의 과정을 보면 태양의 빛보다도 십조 배나 더 밝은 청정 묘각의 명묘明妙하고 묘명妙明한 빛이 저 무변 허공계를 머금고 광속으로 도는 과정에서 금성의 자기장을 둘둘 말아서 둥근 전구와 같은 금륜金輪의 진공장眞空藏을 삼천대천세계에 백억 개나 만들어 내었습니다.

그 진공장이 지금 우리가 보는 우주에 백억이나 되는 태양계太陽界입니다.

그러므로 태양太陽의 빛은 참으로 불가사의합니다. 그 까닭은 진묘각眞妙覺의 빛을 말아서 만든 진공장眞空藏이 곧 태양이기 때문입니다.

달은 지구와 같은 이치로 생겼습니다. 다만 달은 태양과 부부夫婦가 되어 있을 뿐입니다.

일반 천체들은 다 저 무변 허공계에 가득한 먼지들을 광속으로 도는 풍륜風輪이 둘둘 말아서 만들어 내놓은 것들입니다.

지금도 우주 물리학자들은 태양을 가지고 깊이 연구를 하시나 봅니다. 하지만 각설하는 편이 훨씬 편합니다. 태양은 중생들의 머리로 알 수 있는 성질의 것이 본래로 아닙니다.

무엇보다 일월日月은 생겨서(生) 머물다가(住) 서서이 변하면서(異) 마침내 없어지는(滅) 그 시간을 사장구四長久라 합니다. 사장구는 시간으로는 알 수가 없으므로 시종始終이 없습니다.

모든 부처님이나 알지 중생들의 머리로는 항하恒河의 모래 숫자를 세어 보는 격입니다.

저 해와 달은 사장구의 소관이기 때문에 아무 걱정들 하지 말고 착하게만 사시면 됩니다.

지금 저 무변 허공계에 우주 질서와 중생의 생리가 분명해지게 된 것은 해와 달이 좌에서 우로 돌면서부터 비롯되었습니다. 동시에 동서東西가 분명하게 되었습니다. 동서東西가 분명해짐으로 해서 일월日月의 자기력으로 모든 천체에는 동서 수평으로는 적도赤道가 생겼습니다. 그 적도를 중심해서 수직으로는 남극南極과 북극北極이 있습니다. 바로 저 수평의 적도와 수직의 양극兩極이 우주의 중심을 잡고 있습니다.

바로 이 부동하는 중심축이 우주 질서의 신비입니다. 물론 그 신비는 모두 일월日月이 우주 공간에서 좌左에서 우右로 도는 자기장의 자기력에서 비롯되고 있습니다.

이렇게 해와 달이 동쪽에서 서쪽으로 뜨고 머물고 지면서 또 새롭고 새로운 삼시三時(過現未)가 결정되었습니다. 그 삼시三時는 아침, 점심, 저녁이라고 하는 일출 일몰의 하루를 삼시三時로 본 것입니다.

바로 이 시간時間의 삼시三時와 공간空間의 사방四方이 서로 교감이 되면서 4방四方×3시三時=12시時란 시간이 설정되었던 것입니다. 이러한 이치로 주야를 12시로 양분해서 보았던 것입니다.

그리고 또 저 사방四方과 마음의 속성 삼성三性이 서로 교감이 되면서 시방세계에는 12류 중생들의 생명성이 충만하게 되었습니다.

이는 12류 중생들의 생명의 성품들을 말합니다. 이를 동양철학에서는 12지지地支라 합니다.

그 12지지地支의 고유명사가 '자子, 축丑, 인寅, 묘卯, 진辰, 사巳, 오午, 미未, 신申, 유酉, 술戌, 해亥'입니다.

이와 같은 이치로 시방세계에는 유정有情 무정無情의 생명체들이 지역마다 철 따라 다양하게 되었습니다.

또 저 우주적인 공간의 성품을 동양철학에서는 천간天干이라 합니다. 그 천간天干의 고유명사를 '갑甲, 을乙, 병丙, 정丁, 무戊, 기己, 경庚, 신辛, 임壬, 계癸'라 했습니다.

그러므로 시방세계에는 세계마다 산천초목까지도 각양각색입니다. 뿐만 아니라 일체 중생의 심성과 형색과 언어와 문화도 각양각색입니다. 이 모두는 다 저 우주적인 공간성의 성품인 천간天干의 조화입니다.

이 모두는 천간天干과 지지地支로 생긴 성품들이 태양과 달의 자기력인 빛의 각도로 빚어지고 있습니다. 이렇게 공간성인 천간天干과 시간성인 지지地支의 조화로 세계와 중생계에는 온갖 불가사의가 속출되고 있습니다.

그 실증적 예로는 지금 하동에 가보면 임진강에 놓인 다리 하나를 경계로 경상도와 전라도 땅이 됩니다. 그런데 신통하게도 경상도 땅 사람들의 말소리 억양은 울근불근하고 전라도 땅 사람들의 억양은 버들가지처럼 부드럽고 곱습니다.

보세요. 이런 국토와 지역과 지방의 자연계 현상만 보더라도 고인들이 본 우주 물리와 고등 심리학의 지혜가 과연 미신일까요?

오늘날 인류는 휴대폰에 다 미쳐 있습니다. 저 휴대폰도 알고 보면 모두 천간지지天干地支의 철리로 조립되어 있습니다.

여러분들이 잠깐 통화를 하는데도 휴대폰 속에서는 조 단위의 무량수가 왔다 갔다 합니다. 그래 보았자 휴대폰의 신비는 겨우 3백만분의 일 미리에서 턱걸이를 하고 있습니다.

그런데 저 천간과 지지에서 다루고 있는 우주물리학은 입자粒子분의 -18승을 다루고 있습니다. 그러므로 그대들이 생각 없이 밟고 다니는 땅, 흙의 신비 만해도 10조분의 일 미리인 입자粒子분의 -18승에 있는 마음을 뛰어넘어서 그 마음분의 -11승에 흙의 불가사의한 복덕성福德性이 숨어 있습니다.

그러므로 흙은 온 인류를 다 먹여 살려도 조금도 증감增減이 없습니다.

흙은 모든 것을 받아들여 정화하고 우리가 먹는 것을 생산합니다.

온 인류여, 조상의 지혜에 경배하라.

실제로 지금 과학이 무얼 안단 말입니까? 지금 당장 인류는 먹어야 삽니다. 저 전자의 기물이 당장 내가 먹어야 사는 콩이나 쌀을 만들 수가 있다고 믿습니까?

그런데도 저 흙의 고마움을 단 한 번이라도 생각들을 해 보았는가? 이같은 온 인류의 답답이들에게 들려주는 제비의 법문이 전해 옵니다.

知知倍倍 不知知 倍倍 子曰

지지배배 부지지 배배 자왈

'아는 것은 안다 하고 모르는 것은 모른다고 하라. 공자왈'

알고 모르는 것을 깨닫고 아는 사람을 학자學者라 한다고 공자님은 자주 말씀하셨던 것입니다. 그런데 지금은 공자님의 지혜도 철따라 왔다 가는 저 제비의 콧노래가 되고 말았습니다. 說堂

5. 사람이 사람을 만드는 얘기

心

自在菩惱
一切他由
自在安樂
一切自由

佛說

모든 생류의 몸에는 회음會陰이란 성기가 있습니다. 그 성기를 통해 중음신中陰身이라 말하는 마음의 속성 세 개가 모태로 입태를 합니다.

입태할 때에 새롭게 태어날 마음의 삼성三性(의식, 잠재의식, 무의식)을 닮은 중음신中陰身이 아버지의 징검다리를 타고 어머니의 자궁으로 일단 입태를 합니다.

입태가 될 때의 정황을 간략하게 설명해 보겠습니다. 일체중생은 다 자신의 욕정과 부모의 지극한 성행위로 일어나는 오르가슴을 타고 자궁으로 들어갑니다.

오르가슴의 성리를 보면 양극성兩極性을 가지고 있습니다. 그 양극성은 아득해지는 블랙홀과 황홀해지는 화이트홀입니다.

처음 성기에서 발기가 되어서 사정이 될 순간의 영험을 보면 처음은 블랙홀과 같이 정신이 까마득해집니다. 그러다가 찰나에 사정이 되면서 심신이 황홀해집니다. 황홀해지는 그 심경이 화이트홀과 흡사합니다.

그래서 오르가슴이 처음 일어날 때의 느낌은 까마득한 쾌통의 블랙홀이 번개처럼 파장을 치면서 찰나에 폭발성 화이트홀의 전율로 사정을 합니다.

다시 말하면 저 오르가슴의 생태를 보면 처음은 어둡고 암울한 블랙홀이 됩니다. 그러다가 찰나에 황홀한 폭발성 화이트홀이 됩니다.

이 같은 오르가슴의 이중성 돌연비의 나선형 돌풍으로 정신신경성 에너지 3321의 원기를 둘둘 말아서 절구통 같은 몸통을 만들어 냅니다. 이렇게 나선형 광속으로 도는 저 이중성 오르가슴이 태어날 중음신의 몸통을 만들어 냅니다.

사정이 될 때에 태어날 중음신의 영자(정충)는 약 2억 마리나 됩니다. 그 수많은 정충들 중에서 부모와 인연이 가장 중한 것 한 마리를 모태의 난소가 선별해서 받아들입니다.

아, 보라. 저 일체중생들은 이 같은 성정의 절정에서 일어나는 오르가슴의 아쉬운 미련 때문에 끝없는 생사고뇌를 버리지 못한다고 합니다.

지금 필자가 하고 있는 이 얘기는 인류 역사상 어디에도 없습니다. 그래서 조금 더 이해를 돕겠습니다.

마음의 삼성이 회음에서 자궁으로 몰입이 될 때에 마음의 삼성인 중음신中陰身은 일단 광속성 나선형의 회오리를 타고 부정父情 모정母情과 일심동체一心同體가 됩니다.

이렇게 일심동체가 된 중음신이 자신의 몸통을 만들기 위해서 광속성 나선형의 오르가슴을 타고 돕니다. 그때에 중음신인 자신의 복덕성 여하에 따라 잘나고 못난 정신신경성 우주에너지 3321의 원소를 둘둘 말아서 절구통 같은 몸통을 만들어 냅니다.

　동시에 그 몸통 속으로 마음의 삼성인 중음신이 몰입이 됩니다. 몰입이 되면서 마음의 삼성은 곧 삼맥三脈이 됩니다. 저 삼맥三脈 중에서 의식계意識界로는 각성覺性의 터널인 척추신경계脊椎神經系가 됩니다. 이를 독맥督脈이라 합니다. 그리고 복중을 타고 얼굴로 오르는 각성의 터널인 자율신경계自律神經系의 임맥任脈이 있습니다.

　그리고 가장 신비스러운 잠재의식계潛在意識系의 각성의 터널로는 대맥帶脈이 있습니다. 대맥은 삼맥三脈 육경六經 12락絡을 한 덩어리로 묶어버리는 신비로운 각성의 터널입니다.

　저 대맥은 12신경계를 교감도 시키고 상하로 다시 부교감도 시킵니다. 마음의 삼성 중에서 잠재의식의 소관인 대맥이 가장 신기한 창조주입니다.

그러므로 대맥은 참으로 불가사의합니다. 저 대맥이 마음의 삼성을 한 덩어리로 묶어서 나선형으로 돌면서 일단 두부 쪽으로 상행을 합니다. 상행을 하다가 몸통의 중심인 배꼽 신궐혈神闕穴과 등 뒤의 명문혈命門穴에서 삼맥을 좌우상하로 교묘히 갈라놓습니다.

이렇게 삼맥三脈이 좌우로 양분되면서 좌우로는 육경六經이 되고 상하로는 12락이 됩니다.

이렇게 저 삼맥三脈 육경六經이 배꼽과 등의 명문혈命門穴을 중심으로 해서 또 상하로 교감交感과 부교감副交感이 되면서 육경六經은 곧 12락絡이 됩니다. 저 12락을 현대 신경학과에서는 12신경이라 말합니다. 바로 이 12락인 12신경계가 전신을 안팎으로 거미줄처럼 칭칭 얽어 놓았습니다.

지금 필자가 하고 있는 이 학설은 BC 4500년 전 기록인 『황제내경』 소문 영추에 있는 삼맥三脈 육경六經 12락絡의 학설입니다.

그리고 또 저 육경六經이 얼굴 쪽으로 올라가면서 면상面相에 굴밖에 없는 일굴에다가 좌우로 각성의 시녀가 머무는 여섯 개의 토굴을 뚫어 놓았습니다. 그 토굴에다가는 육감을 받아들이는 안이비설신의眼耳鼻舌身意라고 하는 여섯 개의 기관을 창조해 내었습니다. 이를 육근六根이라 합니다.

그 육감六感을 잡는 육근의 기관에는 깨닫고 아는 각성覺性의 시녀 육식六識이 깃들게 되었습니다.

그리고 그 육감을 잡는 육식六識이 안팎으로 받아들인 정보를 깨닫고 아는 각성의 시녀 식심識心이 깃들면서 그 식심識心을 속칭 '심心'이라 말합니다.

이렇게 삼맥三脈 육경六經 12락이 머릿속으로 들어가서는 좌뇌, 간뇌, 우뇌를 별도로 분리시켜 놓았고 이로 말미암아 육체는 좌우상하 반신으로는 자유자재로 운신이 각별하게 되었습니다.

이 모두가 마음의 속성인 삼성이 육신으로 들어가면서 삼맥三脈 육경六經 12락絡으로 교묘하게 분리시켜 놓은 불가사의한 신비입니다.

거듭 말씀을 드리면, 대맥帶脈의 불가사의로 두부에 우뇌右腦, 중뇌인 간뇌肝腦, 좌뇌左腦로 분리가 되는 바람에 사람의 얼굴에는 눈과 귀와 콧구멍도 상하 좌우로 분리가 잘 되어 있습니다.

그러므로 만약에 좌뇌나 우뇌에, 그리고 간뇌에 이상이 생기면 벼락같이 좌우 반대로 반신불수가 되기도 하고, 만약에 경추나 척추에 문제가 발생하게 되면 벼락같이 상하 반신을 못 쓰는 불구가 됩니다.

또 저 대맥帶脈이 삼맥三脈 육경六經 12락絡을 한데 묶어서 광속으로 도는 바람에 두정에도 둥근 가마를 틀어 놓았고, 또한 사지四肢로 내려가서는 음양오행陰陽五行의 성리대로 양 손·발가락을 둥글게 다섯 개씩 스무 개를 만들고는 스무 개의 지두指頭에 둥근 지문指紋을 다 돌려놓고 있습니다.

더더욱 놀라운 불가사의는 두뇌 속으로 들어가

서는 십조 구만오천 사십팔 개의 뇌세포에다가 블랙홀과 화이트홀을 무량하게 창조해 놓았습니다. 그러므로 중생은 까막눈이고 부처님은 미간백호眉間白豪로 시방 제불세계를 두루 다 비추는 불가사의가 있게 되었습니다.

또 몸 안으로 들어가서는 음양오행의 속성대로 오장五臟 오부五腑를 조화롭게 잘 창조해 놓았습니다.

그리고 또 대맥帶脈의 신비로는 양 손금 발금의 문신의 멜로디가 있습니다.

이 문신의 멜로디는 그 인간의 전생에 살아온 업보와 현생에 받을 과보까지도 다 기록해 놓고 있습니다. 그러므로 얼굴에는 관상학觀相學이 있고, 손과 발에는 수상手相과 족상足相이 있으며 지문指紋에도 상학이 있습니다.

이 모든 상학은 그 인생이 무시겁이래로 살아오면서 지어온 온갖 악하고 선한 업연의 멜로디입니다.

그리고 저 마음의 속성인 삼성의 삼맥三脈설은 오늘날 유전자 학설로 보면 'D'는 독맥督脈, 'N'은 대맥帶脈, 'A'는 임맥任脈이 되고 있습니다. 說主

6. 마음摩陰과 심心의 동이설同異說

마음摩陰과 심心은 같은 마음을 일컫는 말로들 알고 있습니다. 하지만 아닙니다.

마음摩陰과 심心은 무엇보다 서로 생리가 같지 않습니다. 마음은 묘각의 빛 각성의 여명이지만 심은 그 마음의 그림자입니다.

알기 쉬운 비유로는, 마음摩陰이 바다라면 심心은 바다에서 일어난 파도입니다.

물론 파도를 바다가 아니라고는 말할 수 없지만 그렇다고 해서 파도를 바다라고 할 수도 없습니다.

그렇다면 실제로 마음摩陰과 심心은 어떻게 같고 어떻게 다른가를 살펴봅시다.

같다고 하는 것은 심心도 묘각의 빛 각성의 여명으로 생긴 마음摩陰을 한 몸으로 하고 있다는 점입니다.

어떻게 한 몸이 되고 있는가 하면, 마음의 속성 삼성三性이 육신의 각성覺性의 터널인 삼맥三脈으로 들어가면서 삼맥은 좌우로 육경六經이 됩니다.

저 육경이 육근六根(眼·耳·鼻·舌·身·意)에 깃들면서 안팎으로 받아들인 정보를 깨닫고 아는 식심識心이 생겼습니다.

그 식심識心을 심心이라 하는 것입니다.

그러므로 마음과 심은 분리될 수 없는 한 몸입니다. 그래서 보통은 심心을 마음摩陰이라고도 하고 마음을 심心이라고도 합니다.

이렇게 마음과 심을 동의어로 쓰고는 있지만 마음과 심의 생리生理와 성리性理는 많이 다릅니다. 그렇게 알고 동일시하면 별무리가 없습니다. 說堂

7. 법法 진리眞理의 3대원칙三大原則

佛心

阮孝書

지금부터 법法이란 진리眞理의 3대원칙三大原則을 밝혀 두어야 하겠습니다.

불경에서는 진리의 대명사, 법法이란 용어를 무척 많이 씁니다. 심지어 법화경法華經이란 경전이 별도로 있을 정도입니다.

세상 사람들이 곧잘 쉽게 쓰는 철학哲學이란 전문용어도 매 한가지입니다. 철학哲學이나 법法 자도 실제로는 세상 사람들이 쉽게 알 수 있는 용어는 아닙니다. 그러나 잘 모르면서도 수월히 잘 쓰는 것도 난해한 진리의 용어들입니다. 특히나 세상에 흔한 철학박사들도 철학哲學의 심오深奧한 뜻은 깜박 하고들 있습니다.

철학哲學이란 우리말로는 '절구학折口學'입니다.

무엇을 절구학折口學이라 하는가?

저 서양의 그리스나 이집트 같은 중동 제국은 참으로 지구촌에서 가장 이상한 고대 문명국가입니다.

그런데 어째서 동양처럼 깨달은 분들을 성자로 모시지는 못할망정 어째서 모조리 다 사약을 먹여서 죽여 버렸을까요? 그 답은 순해빠진 양고기를 주식으로 하는 민족의 악습 같기도 합니다.

실로 깨달은 분들은 자신의 내면에 밝게 깨어 있는 각성을 이미 본 분들입니다. 그래서 자신이 죽거나 살거나를 막론하고 항상 시방세계를 두루 환히 다 봅니다.

그러므로 자신이 죽게 되면 죽는 자신의 모습을 마치 저 건너편에 있는 물건을 보듯 환히 다 봅니다. 지금 세상에 흔해 빠진 철학박사 양반들은 필자의 얘기를 깊이 새겨 두십시오.

만약 정신 수양을 해서 자신의 내면에 깨어 있는

각성을 보지 않고 공연히 수만 권의 책을 통하여 남의 지식이나 우주처럼 축적을 해놓고서는 철학자연 하면 참으로 큰일입니다.

그러므로 고대 서양의 철학자들은 사약도 달게 받아 먹을 수가 있었던 것입니다. 피타고라스나 아리스토텔레스나 소크라테스 같은 분들은 다 국가가 주는 사약으로 죽었습니다. 그럼에도 죽을 때에 제자들이 보는 앞에서 자신이 죽음으로 가는 그 과정을 생생하게 생중개를 하신 분들입니다.

사약의 독기로 전신이 서서히 경직되면서 무감각해지는 저 죽음의 비경을 상세히 제자들에게 들려주었습니다. 죽음을 생중계까지 하셨던 것입니다.

그러다가 점차로 얼굴이 굳어지고 최후로 입이 딱 굳어지자 입(口)하시고 곧바로 우주적인 침묵 속으로 침몰하셨던 것입니다. 이를 불문佛門에서는 열반涅槃이라 합니다. 그러므로 서양 철학자들이 쉽게 말하는 철학哲學을 파자로 풀면 절구학折口學이 되고 있습니다.

필자의 얘기는 진실불허眞實不虛입니다. 그리들 아세요.

지금부터 철학哲學이라 하든 진리眞理라고 하든 불교의 상투용어 법法이라 하든 저 세 가지 철리의 3대원칙三大原則을 얘기해 보겠습니다.

일체 모든 존재의 진리에는

첫째로 근본 뿌리가 되고 있는 원리原理가 있고,

둘째로 만법萬法에는 각별한 성품性品이 되는 성리性理가 있고,

셋째로는 그 성품과 어우러진 인연화합의 물리物理가 있습니다.

이 세 가지 조건에 맞으면 속칭 진리眞理라 합니다. 저 진리를 불경에서는 법이라 합니다.

그 법인 진리에는 불가사의한 3대원칙이 분명

히 있습니다. 그 불가사의의 3대원칙을 여기서 밝혀 두고자 합니다. 왜냐하면 지금 깨알같이 많은 저 교육자들의 의식구조를 바로잡아야 하기 때문입니다.

그러면 무엇을 진리의 3대원칙이라 말하는가? 첫째는 수학의 정리整理가 있습니다. 오늘날 과학科學입니다.

두 번째 허망한 망리妄理가 있습니다. 그 망리의 철리가 수학의 불가지수不可知數 3.14입니다.

셋째는 불가사의 무리無理입니다. 곧 고등수학의 철리인 미분과 적분으로 들어가는 무량수無量數입니다.

지금 필자가 밝히고 있는 이 진리의 삼대원칙은 유·무식을 막론하고 누구나 꼭 알고 있어야 하므로 쉽게 이해를 돕겠습니다.

인류의 지혜는 저 진리眞理의 삼대원칙三大原則

을 잘 써먹고 살아왔습니다. 무슨 얘기냐 하면, 국가나 사회나 개인의 집안의 살림살이에서도 다 응용을 잘 해 왔습니다.

실례로서는 국가는 수학의 정리로 나라를 다스립니다. 그러다가 국가에 이상한 재변이 생기면 망리의 주술呪術이나 부술符術로 제왕이나 집안의 가장들이 나무나 강에 수제를 올렸습니다. 그리고 일반 사회의 민중들도 바르게 정리로 살면서도 혹 비가 오지 않으면 무속의 기우제를 지냈습니다.

또한 일반 개인들도 정리로 살면서도 무속의 망리인 신수도 보고 안택을 위한 굿도 합니다.

고금을 막론하고 온 인류는 종교를 숭상해 왔습니다. 왜냐하면 삶의 경험을 통해서 보면 불가사의한 무리無理의 이적異蹟과 기적奇蹟의 신비가 없지 않았기 때문입니다.

그러면 지금부터 저 진리眞理의 3대원칙의 사례

를 좀 더 구체적으로 얘기해 보겠습니다.

첫째, 수학의 정리로는 바르게 사는 정의를 기본으로 합니다.

두 번째, 허망하게 일어나는 운명이나 자연의 재앙은 모두 망리妄理의 소관입니다.

망리가 있음으로 하여 무속들도 명줄을 이어오고 있습니다. 부적 같은 부술符術과 입으로 외는 주술呪術과 점을 치는 점술占術은 다 망리의 소관입니다.

필자도 나날이 찾아드는 저 애고중생哀苦衆生들의 무량한 고뇌를 풀어서 해결을 해 주자 하니 삼세제불의 지혜(密敎)인 신비의 신주神呪나 비밀한 부술符術로 숱한 사람들을 도와주었습니다.

부탁의 말씀은 절대로 돈을 받으면 아니 됩니다. 진정으로 무보수로 봉사를 해야만 자신이 그와 같은 재앙을 받지 않습니다.

어느 날 필자를 찾아온 답답한 분이 있었습니다. 수년 전에 절친한 친구에게 거액을 빌려 주었다가 한 푼도 받을 수 없게 되자 소문을 듣고 필자를 찾아온 것이었습니다.

남의 돈을 떼어먹고 서울로 도망간 고약한 도적놈을 단박에 잡아준 부술符術의 이야기입니다.

시골도 아닌 서울로 도망간 놈을 어떻게 찾겠습니까? 참 기가 막힐 노릇이 아닙니까? 피해자는 너무나 답답한 나머지 수년간 서울 바닥을 헤매었다고 하니 그가 흘린 피눈물의 얘기는 한 편의 드라마로도 부족할 것입니다.

필자는 부적을 써주면서 단 혼자는 가지 말고 친지나 식솔을 꼭 한 사람 데리고 같이 가라고 일러 보냈습니다. 수년을 헤매고 헤맨 서울은 그에게는 너무나 서러운 서울이었습니다.

어찌 되었든 필자의 말을 듣고 서울역에 내려서 막 상계동 쪽으로 가는 버스를 탔답니다. 그런데 이거 어찌된 일입니까? 바로 자신이 타고 있는 버스 앞좌석에 그 도둑놈이 타고 있지 않았겠습니까?

그래서 어찌어찌해서 돈은 다 받게 되었다는, 실제로 있었던 불가사의한 실화의 얘기입니다.

필자의 경우에는 절대로 부모나 존엄하신 스승에게 패륜을 저질렀거나 개고기를 먹은 사람은 설령 제갈공명을 만나도 불가능합니다. 그런 사람은 필자를 감히 찾아오지도 못하지만 혹 어쩌다 만난다면 벼락같은 호통의 욕설에 혼비백산을 하고 도망을 칩니다.

그런데 세상에는 부적이나 부물을 함부로 팔아먹고 사는 가련한 인생도 없지 않나 봅니다.

정리整理든 망리妄理든 기적의 무리無理이든 정

답은 남의 종이 되어서 착하게 살면 저절로 진리의
삼대원칙이 스스로 달려와서 다 해결을 해 줍니다.
다만 시간이 해결사이므로 무던히 기다림이 묘약
입니다.

저 무한한 우주는 항상 중생들에게 무한한 가능
성을 지불하고 인간은 하루에 백천만 가지 사건을
저지르고 삽니다.

저 모든 죄악의 고리는 다 시간이 문제를 해결해
주는 해결사입니다. 다만 중생은 무던히 기다릴 줄
을 아는 마음의 수양이 절대입니다.

세 번째로 무리無理의 불가사의不可思議는 모든
종교의 생명입니다.

그래서 종교의 정리整理로는 경문經文을 읽고, 망
리妄理의 묘약으로는 주술呪術을 외우게 했습니다.
그리고 무리無理의 불가사의 복덕론福德論으로는
복덕을 짓는 헌신의 삶과 조금 먹고 조금 자는 깨

어 있는 침묵이 최선의 방편입니다.

세상에 불가사의한 복덕성福德性의 실례로는, 높은 고층 아파트에서 어린애가 땅바닥에 떨어졌는데도 다친 곳이 한 군데도 없었다는 불가사의한 실화가 얼마든지 세상에는 있습니다.

효자상을 몇 번을 받은 아끼는 제자가 있었습니다. 그가 처가에 가고 친가에 가고 외가에 가는 도중에 천야만야한 낭떠러지에서 금방 사온 새 차가 그만 굴러 떨어지고 말았습니다.

고물차도 아닌 새 차는 현장에서 박살이 나서 폐차를 시켰지만 온가족은 다친 데라곤 한 군데도 없었습니다. 한평생 무탈하게 잘 살고들 있습니다.

이 모두는 효심의 불가사의한 복덕성福德性이 빚어준 실제 얘기입니다. 필자가 직접 경험한 기적과 이적의 얘기입니다.

저 대구大邱라고 하면 우스갯소리로 명태보다도 더 큰 고기를 대구大口라 합니다. 그래서 그런지 실제로 이 나라에 큰 언덕과 같은 대통령 세 분이 대구에서 다 나왔습니다.

하여간 대구는 기후도 별나서 겨울은 지독히 춥고 여름은 별나게 덥습니다.

지독히 추운 겨울날 밤에 있었던 얘기입니다.

조그마한 창고방에서 연탄불 하나에 의지해서 잠을 자고 있었습니다.

자다가 물이 펄펄 끓다 못해 타는 소리에 깜짝 놀란 필자는 잠결에 누워서 곁에 있는 난로 위에서 끓고 있는 물 양동이를 번쩍 들어서 내려 놓는다는 것이 누워 있는 필자 쪽으로 그만 양동이를 앞으로 잡아당겨 버렸습니다. 그 바람에 양동이에서 맹렬히 끓던 물이 필자의 팔과 손등을 덮어 씌었습니다. 그래서 팔과 손등이 뜨거운 물에 푹 삶기고 말았습니다. 기겁을 하고 벌떡 일어났습니다. 일어나면서 내복의 소매를 급히 잡고 잡아당겨 보았지만 도무지 벗어지지를 않았습니다.

그 까닭은 푹 삶긴 내복이 팔과 손목에 착 달라붙어서 좀처럼 벗겨지지 않았기 때문입니다. 그래서 엉겁결에 웃통을 홀랑 벗어 버렸습니다. 그러니까 내복의 팔 소매에는 팔뚝의 살갗이 허옇게 붙어서 벗겨지고 말았습니다.

그날따라 어찌나 추웠던지 영하 20도가 넘었다고 합니다. 그 추운 겨울날 밤에 말입니다. 아무것도 없고 그 누구도 없는 독수공방에서 홀로 이 지경을 당했으니 참으로 암담했습니다. 화상의 고통은 기승을 부리고 온갖 것을 다 잃어버린 때였기 때문에 자신이 너무나 싫었습니다.

본래로 염세증이 남 달라서 자살 시도도 몇 번을 해 본 사람입니다. 뻘겋게 벗어진 팔과 손은 화독으로 화끈거리고 몹시 쓰라려 왔습니다. 이래저래 참담해서 웃통을 홀랑 벗은 채로 머리는 차디찬 방바닥에 처박고 화상을 입은 오른팔을 머리위로 해서 그냥 그대로 엎드려 있었습니다. 한겨울 오밤중에 정 없는 객지에서 이 지경을 당했으니 어찌 하겠습니까?

아무런 구처도 없고 해서 만사를 체념하고 그냥 엎드려 있었습니다. 그때에 저 멀리서 누군가 급히 달려왔습니다. 하얀 백의 거사 한 분이었습니다. 번개같이 달려오셔서는 필자의 환처를 보살펴 주셨습니다. 얼핏 보기에는 촌에 사시는 형님 같았습니다. 급히 달려와서는 필자의 화상 입은 팔과 손목을 만지시면서 하시는 말씀이 "야, 이 사람아, 앞으로 많이도 쓸 손을 이렇게 다치면 어떻게 하느냐?" 하시면서 엎어져 있는 필자의 화상 입은 손목부터 잡더니 손목에 있는 심경의 신문혈神門穴에다가 침을 한 대 먼저 주고는 손등 쪽에 있는 삼초경三焦經의 액문혈液門穴에다가 침을 한 대 더 놓아 주셨습니다.

순간 이상하게도 화상의 고통은 살며시 잠이 들

고 몸과 마음은 어찌나 편안했던지 심신 초월의 삼
매경에 들어가 버렸습니다.

백의 거사께서는 필자에게 침술 치료까지 다 해
주시고는 부모의 사랑도 잘 모르는 필자를 따뜻이
위로해 주셨습니다.

"이 사람아, 몹시 추운 날씨다. 여기 깔 요와 덮
을 이불도 있다."

그러면서 어디서 어떻게 구하셨는지 두툼한 비
단 솜이불 한 채를 찬 방바닥에다 깔고서는 그 위
에다가 필자를 잘 눕혀 주셨습니다. 그리고 두툼한
솜이불 한 채로는 홀랑 벗고 있는 몸을 덮어 잘 다
독거려 주시고는 "잘 자거라." 하시면서 조용히 돌
아서 어디론가 가버리셨습니다.

필자는 본디 성질은 더럽고 교양미도 없는 사람
입니다. 어찌 그리도 인정머리도 없었던지 귀하신
분에게 잘 가시란 인사말도 못한 채로 신비로운 깊
은 잠에 빠져 버렸습니다.

신기한 잠결에 어찌나 덥고 땀이 났던지 깜짝 싶어서 이불을 걷어차고 벌떡 일어났습니다. 일어나 보니 벌거벗은 윗몸은 땀으로 흥건히 젖어 있었고 새날은 이미 환하게 밝아 있었습니다.

아, 보라. 이불은 무슨 이불이며 화상은 어디로 갔는가? 살얼음 찬방에는 덮고 살던 담요 한 장마저도 저 멀리 가 있었고 온방용 난로는 제구실도 못한 채 멀거니 곁에 있었습니다.

그 후로 백의 거사께서 "많이도 써야 할 손인데." 하시던 이 손으로 과연 필자는 수많은 사람들의 마음도 어루만져 주었고 숱한 중생의 육신의 아픔도 다독여 주었습니다.

귀인이 하신 말씀대로 이 손으로 부처님 말씀도 많이 펴냈습니다. 저 백의 관음보살님의 신통력으로 말입니다. 분명히 화상을 입었지만 화상의 상처는 지금도 찾을 수가 없는 이 손으로 말입니다.

이 모두는 필자가 밤낮 없이 신묘장구대다라니를 외우고 능엄신주를 외우며 아쉬운 대로 살아온 필자를 사랑해 주신 제불의 불가사의한 신통력임을 고백해 둡니다.

또 필자는 숱하게 예언도 해왔습니다.

필자가 예지로 내다본 반 토막 불가사의 예언을 소개해 봅니다. 필자가 구미 새로넷 방송에서 한 말이 실제로 현실 그대로 일어난 실증적 무리無理의 얘기입니다.

노무현 전 대통령 내외가 청와대에서 고향 봉화마을로 돌아가시던 바로 그날 했던 말입니다. 그때 이명박 대통령은 청와대로 들어가고 노무현 전 대통령 내외분은 고향 봉화마을로 가시는 바로 그날 그 시간에 한 예언입니다.

필자가 애창하는 가수 문주란의 노래 유정천리를 하모니카로 불면서 한 말입니다.

"각하 내외분은 고향 봉화마을로 안녕히 돌아가십시오. 각하가 고향 봉화마을로 돌아가시게 되면 앞으로 150년 후에는 봉화마을은 국제도시가 될 것이고, 그리고 각하가 세상을 떠나시게 되면 각하의 조그마한 돌비석 하나가 영원한 자유와 평화의 상징으로 남을 것입니다."

그때 필자가 은유한 150년에 대한 의미를 풀어보자면, 철학에서는 '0'을 쓰지 않습니다. 그러므로 150에서 '0'을 빼고 나면 15만 남습니다.

그렇다면 그 15란 은유로 비유한 숫자는 과연 무엇일까요?

각하가 청와대를 버리고 고향 마을로 돌아가신 지 몇 개월 만에 세상을 떠나셨습니까?

또 국제도시가 된다고 말을 했습니다. 과연 유사 이래로 어느 나라 대통령이 운명을 달리했다고 해서 전 세계가 그 대통령의 고향 마을까지 방송 매체를 동원해서 안타까운 비보를 소개한 대통령이 과연 지구상에 몇이 있었습니까?

제 아무리 유명했다손 치더라도 그 대통령의 고향 마을까지 전 세계에 그토록 소개가 된 사례는 없었습니다. 이 뜻을 필자는 앞으로 150년 후에 봉화마을은 국제도시가 된다고 했습니다.

바로 이것이 진리의 3대원칙 중에 하나인 무리無理의 불가사의입니다. 무리無理의 불가사의는 모두 복덕을 지어 놓았을 때에만 일어납니다. 물론 악덕의 불가사의도 있습니다. 그래서 천하에 몹쓸 잡놈들에게도 무리의 참혹한 불가사의가 종종 일어납니다. 說生

8. 음양오행陰陽五行의 복덕성福德性 이야기

念佛菴

복福은 환경의 풍요로움이요

덕德은 각성覺性의 환희로움이다.

물론 온 인류가 풀 수 없는 수수께끼는 한둘이
아닙니다. 그 많은 수수께끼들 중에서도 복덕福德
이 무엇일까? 하는 수수께끼만은 꼭 풀어 놓아야
합니다. 그래서 지금 여기서 필자가 꼭 밝혀 두겠
습니다.

세상에 그 누구보다도 한 집안에서 함께하고 있
는 할아버지나 할머니들이 자식과 손자들에게 꼭
복덕성福德性의 어마어마한 신비를 일찍이 깨우쳐
주었어야만 했습니다.

보다 더 소중한 종교의 성직자들이 복덕성福德性

의 불가사의를 세상에 일찍이 깨우쳐 주었어야만 했습니다. 그런데 고금 없이 성직자들은 신불神佛의 이름으로 살다보니 부처님이나 예수님의 바른 가르침을 제대로 전하지 못한 것 같습니다.

그래서 필자가 좀 구체적으로 여기서 어마어마한 복덕성의 불가사의를 구체적으로 밝혀 두겠습니다.

앞장에서 마음의 세 가지 속성인 의식, 잠재의식, 무의식이 있다고 했습니다.

그 마음의 삼성이 사람의 육체로 들어가면서 마음의 삼성은 곧 각성覺性의 터널인 삼맥三脈이 되었습니다. 그 삼맥三脈이 머리로 올라가면서 육신의 좌우로 분리가 됩니다. 분리가 되면서 삼맥三脈은 곧 육경六經이 됩니다. 그 육경六經은 육감을 잡는 얼굴에 있는 육근六根을 창조해 내었습니다.

그 육근六根은 눈(眼), 귀(耳), 코(鼻), 혀(舌), 몸(身), 두뇌(意)를 말합니다.

지금 여기 이 육근에 복덕성福德性이 얼마나 깃들어 있는가를 세존은 구체적으로 밝혀 두셨습니다. 저 깨닫고 아는 각성의 시녀 육경六經이 머무는 안眼, 이耳, 비鼻, 설舌, 신身, 의意에는 사랑과 평화와 자유와 행복의 복덕성이 머물고 있습니다.

그 여섯 개의 식심識心이 깃든 육근에는 각각 800복덕과 1200의 복덕성이 깃들어 있습니다. 어째서 800과 1200의 복덕성이 있다고 말하는가 하면, 원형의 복덕을 1200으로 보았을 때 800은 사방에서 삼분의 일은 보거나 느낄 수도 없으므로 1200에서 400을 빼고 난 복덕을 800이라 했습니다.

그러므로 눈(眼)에는 800복덕성이 있습니다. 왜냐하면 좌우상하로 두루한 1200복덕 중에서 삼분의 일이 되는 뒤는 전연 볼 수가 없기 때문입니다.

그리고 귀(耳)는 시방을 두루 다 들을 수 있으므로 1200복덕성이 있습니다. 코(鼻)는 막히고 통하는 경계가 있으므로 800복덕성이 있습니다. 혀(舌)는 세간법世間法과 출세간법出世間法과 최상승법最上乘法을 마음대로 설할 수가 있으므로 1200복덕성이 있습니다. 그리고 몸(身)은 닿으면 무엇을 알고 닿지를 않으면 아무것도 알 수가 없으므로 800복덕성이 있습니다. 사유분별을 하는 의意는 일체를 깨닫고 아는 두뇌가 되므로 1200복덕성이 있습니다.

지금부터 잘 듣고 잘 생각해 보셔야 합니다.

착하게 산다고 하는 것은 중생들의 선악을 보지 말고 자신의 몸과 목숨과 재물을 남에게 조건 없이 베풀고 사는 삶을 착하다고 합니다. 그렇게 살아야만 부처님처럼 거룩한 몸매를 얻습니다. 거룩한 몸의 상호相好를 32상과 80종호라 합니다. 비록 저 부처님과 같은 32상과 80종호는 얻지 못해도 위에서 설명한 육근의 800복덕과 1200복덕을 근사하게라도 갖추어야만 천하에 뛰어난 미남미녀가 됩니다.

바로 이 같은 심각한 상호 문제 때문에 필자는 일찍이 32상과 80종호에 대하여 자세히 강의도 했고 그 내용을 간명하게 풀어 소책자로 펴내기도 했습니다.

누구나 훌륭한 상호를 갖추지 못하면 그 이상의 불행은 없습니다. 그러므로 안眼, 이耳, 비鼻, 설舌, 신身, 의意에 깃들여 있는 육근의 복덕성福德性 문제가 무엇보다도 제일 심각합니다.

요즈음 세상은 예사로 못생긴 자신의 얼굴을 정형도 합니다. 하지만 거룩한 상호는 인간의 잔재주로 만들어지는 것이 아닙니다. 신명재身命財를 남에게 조건 없이 베푸는 복덕성으로 창조가 됩니다.

아, 보라. 그러므로 세상에는 부유하게 잘살고 머리도 좋고 인물도 잘 생긴 사람도 있지만 참으로 눈 뜨고 볼 수도 없는 기구한 인생도 있습니다.

이 모양으로 기구하고 가련한 중생들을 어떻게 하면 좋겠습니까?

그래서 필자는 이 심각한 문제의 답을 주려고 생을 두고 부처님의 바른 가르침을 전하고 있습니다.

선악의 과보로 생기는 천당과 지옥은 지금 우리들의 주변에 수두룩합니다.

보세요. 세상에는 눈이 있으되 보지 못하고, 귀가 있으되 듣지 못하고, 코가 있으되 코가 문드러지고, 입 안에 혀는 있으나 말을 못하고, 몸은 있으나 쓸 수가 없고, 머리는 있으나 제구실을 못하는 장애자들이 얼마나 많습니까?

그런데 선악의 과보로 생기는 천당과 지옥을 왜들 죽어서 보려고 합니까?

아, 보라. 저 눈에 800복덕성福德性을 수행해서 얻은 사람은 눈 하나만 가지고도 시방세계를 거울을 들여다보듯 제 얼굴을 환히 다 봅니다. 그런가 하면 저 밝은 태양도 못 보는 맹인의 슬픔을 그대는 지금도 남의 일로 보려고 하는가? 제 부모와 제 스승에게 온갖 패륜을 막무가내로 저지르고 살아온 그 죄 하나만 가지고도 수 만 생을 눈 없는 과보를 받게 됩니다.

중생의 수명은 길어 보았자 일 분 50초밖에는 못 삽니다. 일 분 50초가 지나면 누구나 제가 스스로 다 지어놓은 죄업의 과보대로 어디론가 가야만 합니다.

또한 귀(耳)는 복덕성이 1200입니다. 누구나 수행을 해서 1200의 귀의 복덕성을 갖추고 있다면 지금 여기서 백억의 태양계 안에 있는 중생들의 말소리를 다 듣고 다 압니다.

하지만 귀는 있으되 듣지 못하는 저 불행한 신세들의 고달픔이 결코 남의 일로 보입니까? 제 부모나 성인의 말씀에는 추호도 관심이 없는 오늘날 정치 패륜아들에게는 저 불행이 결코 남의 일이 아님을 필자가 귀띔을 해 둡니다.

그리고 코(鼻)의 800복덕성을 가진 분들은 코로 맡는 냄새 하나만으로도 시방세계를 다 보고 다 압니다. 지금 지구촌에 살고 있는 신통한 개도 3000종의 냄새를 분별해서 압니다. 하지만 코는 있으되 썩어문드러진 분들의 슬픔을 그대는 남의 일로 보시려는가?

날이면 날마다 자신의 몸과 명리는 금쪽같이 돌보면서도 제 부모나 존장을 마치 못 쓰는 휴지처럼 함부로 버리는 저 패륜아들에게 있어서는 일분 50초 후의 그대들의 몰골임을 기억해 두시라.

그리고 또 혀(舌)의 복덕성은 1200입니다. 수행을 해서 저 1200의 복덕성을 갖추신 분들은 시방 제불세계諸佛世界의 부처님의 법문을 마음대로 듣고 스스로 다 설할 수도 있습니다.

하지만 혀는 있으되 말을 못하는 저 가련한 분들의 신세를 그대는 남의 일로 보시렵니까?

금세기 정치꾼들이 주장하는 자유自由의 개념은 일체를 다 내 탓으로 돌리는 사상이 본래의 자유自由의 뜻입니다. 그런데 저 못돼 먹은 정치꾼들은 생을 두고 남의 탓만 하다가 죽습니다. 저 정치꾼들은 제 잘못이 하나도 없습니다. 거짓말을 밥 먹기

보다도 더 쉽게들 합니다. 신통하게도 남의 허물만은 쪽집게처럼 잘도 토설을 합니다.

이 같은 집단이기주의 패륜아들은 숨이 끝나는 순간 제 자신이 말을 못하는 언어 불어에다가 만생에 풍병을 피하지 못합니다. 이러한 업보를 까맣게 모르고 호들갑을 떨다가 죽습니다.

그리고 또 몸(身)의 800복덕성을 수행해서 얻으신 분들은 자신의 몸이 마치 거울처럼 투명해서 시방세계를 환히 다 드러내어 보입니다.

그러므로 저 중생들이 죽어서 만약 천당이나 지옥을 간다면 그들이 가야 할 천당과 지옥의 번지수까지도 자신의 몸에 다 나타냅니다.

하지만 저 정치 난봉꾼들은 예사로 겁도 없이 생을 두고 자유 민주란 사상을 등에 업고 민중을 속이고 이간질을 곧잘 합니다. 저 같은 아수라들은 철없는 민중들을 핵무기화해 가지고 마침내 회사나 국가를 제 마음대로 먹었다 토했다 합니다.

저들은 숨이 다하는 일 분 50초 후에는 반드시 무간지옥을 가야만 합니다. 갔다가 그 어느 생엔가는 다시에 이 세상에 혹 나와서 만고에 고칠 수 없는 불치의 백초풍창병으로 세세생생 고통을 받아야만 합니다. 이렇게 무서운 업보가 기다리고 있음을 세존의 이름으로 정치꾼들에게 귀띔해 둡니다.

그리고 의意의 1200복덕성을 수행해서 얻은 분들은 삼세제불의 비밀법문을 줄줄 다 외우는가 하면 일체 만법에 다 통달했으므로 모르고 알고의 차원을 넘어서 마침내 깨달음으로 바로 들어갑니다.

그런데 머리는 있는데 있으나마나한 중생도 숱하게 많습니다. 이와 같이 기막힌 신세는 모두 무지한 중생들의 피를 빨아먹고 살다가 죽은 제왕병 망령들의 업보입니다.

그러므로 함부로 성현의 가르침을 비방하거나 헐뜯지 말아야 합니다. 항상 더없이 소중한 복덕을 짓기 위해서는 남을 우선적으로 배려하고 반드시

남의 종과 같은 삶을 살아야만 합니다.

무엇보다 부처님의 계율과 하다못해 유교의 삼강오륜과 기독교의 십계명이라도 잘 지키고 살아야만 합니다.

혹 자기 안에서 묘각妙覺의 각성覺性을 본 사람이라면 항상 법화경法華經을 읽고 외우고 쓰고 해설도 하면서 무조건 종과 같은 삶을 사노라면 그 어느 날 마침내 저 육근에 800복덕과 1200복덕을 두루 다 갖추는 무량 대복덕신無量大福德身을 반드시 얻습니다.

뛰어난 수재들은 제발 정치꾼은 되지 말아야 합니다. 누구라도 저 여의도 국회의사당으로 들어가면 이상하게도 천하에 몹쓸 사람이 됩니다. 무엇보다 입으로는 백성을 친주로 모신다고 하면서 만고에 못 쓸 아만我慢, 교만驕慢, 사만邪慢, 증상만자增上慢者가 됩니다.

진실로 이 세상을 이롭게 하고 싶은 소망이 있다

면 수천수만의 민중에게 직업을 주는 저 훌륭한 이병철 할배나 정주영 할배나 신격호 할배나 김우중 선생님 같은 어른을 꼭 본받아야 합니다. 맹세코 절대로 정치꾼은 되지를 말아야 합니다.

인류는 생을 두고 보아 왔습니다. 정치꾼들은 제 식솔도 제대로 먹여 살리지 못하는 주제에 제가 정치를 하면 천하를 다 먹여 살린다고들 호언장담을 예사로 합니다. 아무쪼록 조건 없이 남의 종과 같이 이름 없이 조용히 순천 백성으로 살다가 갑시다.

그렇게 사노라면 저 무한한 우주의 무량한 대복덕장이 항상 그대를 품어 안아 줄 것입니다.

음양오행陰陽五行은 온 세상이 지금도 주일週日의 이름으로 잘 쓰고들 있습니다. 주일을 보면 음陰은 월月, 양陽은 일日로 대비를 시켜놓고 있습니다. 그리고 그 음양陰陽인 월일月日의 중간에 중성자와 같은 화火, 수水, 목木, 금金, 토土를 안배해 놓고 있습니다.

실제로 저 우주 공간에는 심자분의 -12승의 복덕성福德性을 가진 월일月日도 있고, 오행五行을 상징한 큰 별 오성五星도 있습니다. 지금 여기 이 지구촌에 오행五行은 오대원소가 되어서 일체중생을 다 먹여 살리고 있습니다. 그 오대원소란 화火인 탄소, 수水인 수소, 목木인 산소, 금金인 자기장, 토土인 질소를 말합니다.

저 심자분의 -12승의 복덕성福德性을 가진 해와 달은 말할 것도 없고 저 우주를 품어 안고 있는 자기장인 금金이 없다면 지금 저 허공도 벌써 무너지고 말았을 것입니다. 그래서 저 금金의 불가사의 복덕성도 심자분의 -12승에 있습니다.

또 저 바람인 풍(木)의 산소가 없다면 일체중생은 어찌 살겠습니까? 그러므로 풍(木)의 불가사의 복덕성은 심자분의 -11승에 있습니다.

또 열 에너지인 탄소(火)가 없다면 추워서 어찌

하겠습니까? 그러므로 불의 복덕성도 심자분의 -11승에 있습니다.

뭇 중생의 생명의 원천源泉인 수水가 없다면 그대와 나는 일찍이 존재하지도 못했을 것입니다. 그러므로 물의 복덕성은 심자분의 -12승에 있습니다.

또 저 대륙인 땅(土)이 없다면 두말해 무엇 하겠습니까? 그러므로 토의 불가사의 복덕성은 심자분의 -11승에 있다고 말했습니다.

필자가 지금 음양오행의 복덕성을 수학물리로 표기를 해 놓고 있습니다. 이 가설을 앞으로 많은 과학자들이 깊이 연구를 좀 해보아야 할 것입니다.

물론 저 과학의 물리로는 만만치 않을 것입니다. 필자가 말하는 복덕성은 모두 세간법을 초월한 선정禪定, 삼매三昧의 영역에서 본 철리이기 때문입니다.

선정, 삼매의 철리는 그만두고라도 실제로 무유정법의 원주률이라고 이름하는 파이인 3.14를 물리

학자들도 그 뜻은 모릅니다. 그 3.14가 십진법十進
法이란 사실조차 까맣게 모릅니다.

그러므로 지금 온 인류가 밟고 사는 저 대륙의
흙의 불가사의만 해도 입자분의 -18승에 있는 마음
을 뛰어넘어서 심자분의 -11승에 흙의 불가사의 복
덕성이 있습니다.

그래서 옛 선조들은 일찍이 땅에 엎드려 절을 했
습니다. 지금도 저 중동 지방 사람들은 밤도 낮도
없이 땅바닥에 엎드려서 절을 합니다. 그러므로 땅
속에서 석유가 펑펑 솟아오르고 있습니다.

우리 조상들도 하늘과 땅에 그리고 산과 강과 바
다에 절을 해 왔습니다. 그 까닭은 일체 만물의 신
비 속에는 불가사의한 복덕성福德性이 있기 때문입
니다.

삼세제불은 다 나무 밑에서 성불을 하셨습니다.
오늘날 과학이 아무리 발전해도 그대와 내가 지금
당장에 먹어야 사는 한 톨의 쌀과 콩은 만들어 내

지를 못합니다. 그래서 흙과 더불어 살아온 순천 백성들은 일찍이 저 높은 하늘을 보고는 천신天神, 땅을 보고는 지신地神, 산을 보고는 산신山神, 주야 晝夜의 은혜를 보고는 주신晝神, 야신夜神이라 해서 절을 올렸습니다.

오늘날 과학문명이란 외눈박이 맹목들은 저 같은 조상의 지혜를 몽땅 미신시해 버렸습니다. 아니에요. 믿지 못할 미신이 아니올시다. 세존께서 이미 화엄경에서 저 신들의 신상명세서를 잘 밝혀두셨습니다.

세존께서 성불하시고 곧바로 설하신 화엄경華嚴經에는 80신八十神의 이름이 등장합니다.

세존께서 불안佛眼으로 보신 저 만신萬神은 모두가 일체중생을 외동아들처럼 사랑하는 십지十地에서 11·12지地에 오른 대보살 마하살들입니다.

지금 여기서 잠깐 부처님이 보시는 눈의 불가사의를 조금 귀띔해 두겠습니다.

세존은 삼천 년 전에 이미 물 한 방울을 보시고 "오관일적수悟觀一滴水 팔만사천충八萬四千蟲 약불넘차주若不念次呪 여식중생육如食眾生肉"이라고 하셨습니다.

'내가 물 한 방울을 보니 팔만사천 종류의 벌레로 가득하다. 만약 여기 이 신비로운 궐월(呪)을 외우지 않고 그대로 물을 마신다면 살아 있는 벌레를 그대로 먹는 것과 같다.'라는 말씀입니다.

오늘날 최첨단의 전자현미경으로는 20만 분의 일 미리 정도밖에는 못 봅니다. 그런데 저 지식꾼들이 무얼 보고 무얼 안다고들 그리도 아는 체를 하는지 참으로 가관입니다.

세상에는 돈이 있어야만 잘 삽니다. 그와 마찬가지로 일체중생들은 복덕福德이 있어야만 환경의 풍요로움과 빛나는 영혼의 자유와 평화 속에서 잘 살수가 있습니다. 복덕福德이 없으면 잘 살고 못 살고를 떠나서 세세생생에 삼악도三惡道(地獄, 餓鬼, 畜生)

에서 벗어날 길이 없습니다.

여기서 잠깐 중동으로 가봅시다. 지금 저 중동 제국의 민중들은 밤낮없이 땅에 엎드려 절을 합니다. 그러므로 검은 흑진주가 밤낮없이 땅 속에서, 그리고 바닷물 속에서 펑펑 용솟음치고 있습니다. 땅에 경배를 하는 순천 백성들에게는 그렇게 검은 흑진주를 퍼부어 준다고 견뢰지신堅牢地神이 이미 지장경地藏經에서 약속을 해두었습니다.

견뢰지신이 긴 팔을 바다나 땅속에 집어 넣어가지고 흑진주(原油)를 뽑아 올려 준다고 약속해 놓았습니다.

아, 보라. 오체투지하면서 밤낮없이 절하는 저 중동의 백성들의 머리가 그대들만 못해서 땅에 엎드려 절하는 줄 아는가?

버릇없는 동포여, 꿈 좀 깨어라. 공손히 절하는 예절부터 배우고 익혀라. 절을 하는 복덕福德은 참으로 불가사의합니다. 복福으로는 삶의 공간이 천국이요 덕德으로는 거룩한 상호를 두루 가진 깨달음의 광명장이 됩니다.

하지만 심신身心에 복과 덕이 없는 신심 장애자도 있습니다. 오늘날은 그들에게 복지 정책으로 국법이 배려를 잘 해줍니다. 그래서 공공 소유의 모든 주차장에는 휠체어 그림의 장애자 특별 배려 공간이 있습니다.

인류 복지로 편히 사는 분들을 천사天使라 합니다. 천사天使란 염라대왕이 미련한 중생들에게 너도 잘못 살면 반드시 저와 같은 신세가 된다는 본보기로 세상에 내보낸 가련한 인생을 천사라 한다고 했습니다. 이 모양을 보고도 깨우치지 못하고 짐짓 나쁜 악행을 저지르면 까만 옷을 상징한 블랙홀 저승사자가 벼락같이 삼악도로 데려간다고 했습니다.

저 삼악도의 과보가 끝나면 이미 천사天使들이 다 보여주었딘 춥고 배고프고 기구한 몸을 또 받게 됩니다. 이렇게 심각한 인과응보因果應報를 마땅히 가르치고 깨닫게 해주어야 할 현대판 교육기관이나 교육자들은 부질없는 산업쓰레기를 태산같이 가르치고 있습니다. 잘못 가르친 교육자의 업보가 얼마나 무서운 줄도 모르고 말입니다. 說堂

9. 음양오행陰陽五行의 생원설生原說

음양오행陰陽五行으로 인간의 성별을 헤아려보면 음陰은 여인女人, 양陽은 남자男子입니다.

어째서 여성은 여인女人이라 하고 남성은 남자男子라 하는가? 그것은 여성은 사람을 직접 생산하기 때문에 삼세제불은 여성을 여인女人이라 했습니다. 그리고 남성은 정액精液(호르몬) 속에 정자精子가 있으므로 남자男子라 했습니다.

지금 우리 국어사전에 여인女人을 여자女子라 했다면 어서 바로잡아 놓아야 합니다.

여인女人을 여자女子라 한 것은 일제 때 왜놈들이 여인들을 잡아다가 남장男裝을 시켜 가지고는 남정네의 일을 시키면서 생긴 기생어寄生語입니다.

우주 물리나 중생 성리로 본 음양학의 성격은 서

로 동일합니다. 그래서 여인女人은 음성陰性이기 때문에 밑으로 흐르는 생리가 있습니다. 그래서 여인은 턱에 수염이 없습니다. 그것은 생리가 다달이 물처럼 밑으로만 새어서 흐르는 월경月經이 있기 때문입니다.

또한 여성의 성기는 깊숙이 안으로 들어가 있고 음성은 물 흐르는 소리처럼 부드럽고 곱습니다.

반대로 남자男子는 불꽃같이 솟구치는 정열 때문에 성기는 밖으로 불끈 솟구쳐 있고 턱에는 수염이 수북 합니다. 그러므로 남성의 음성은 불타는 소리같이 걸걸하고 성격은 거칠고 불같아 항상 위험합니다.

아, 보라. 이것이 음양학陰陽學의 신비입니다. 음양오행을 모르면 지금 우리나라 국기인 태극도太極圖를 모릅니다. 태극도는 마음의 생리와 음양오행의 철리를 도설한 도표입니다.

그래서 지구촌에서 가장 난해한 태극도太極圖가

되고 있습니다. 어째서 태극도가 가장 난해한가 하면, 세상에 들도 보도 못한 마음摩陰의 성리性理를 도표로 그려 놓았기 때문입니다. 그래서 심리와 저 우주만물의 물리物理를 태극도太極圖로 도설圖說을 해 놓았습니다. 그렇기 때문에 지구촌에서 가장 난해한 태극기가 되고 있습니다.

그래도 동방의 성인聖人이신 공자님은 음양오행을 깊이 깨닫고 계셨습니다. 그래서 공자님의 교지教旨인 유교儒教의 교리教理를 보면 음중양陰中陽이 서로 상보相補·상극相剋·상생相生으로 삼강三綱이 되고 있음을 아셨습니다. 그리고 오행으로는 인간윤리人間倫理의 덕목이 되고 있음도 아셨습니다.

그러므로 공자님의 유교는 음양의 철리哲理로는 우러러 보고 굽어보는 도덕성을 삼강三綱이라 하셨고, 오행을 인격 완성의 윤리 오륜五倫으로 설정을 하셨습니다. 유교에서 가장 난해한 대목이 위로 우러러보고 밑으로 굽어보는 수직성垂直性 삼강三

綱입니다. 공자님은 음양학에서 음성, 중성, 양성이 서로 상보·상극·상생을 하는 그 철리를 삼강三綱이라 하셨고 이를 인격 완성의 덕목으로 설정을 하셨던 것입니다.

오행五行이 서로 정반합正反合을 함으로써 일체 만법이 평등하게 조화를 이루고 있으므로 오행을 오륜五倫으로 사람이 사람답게 되는 인도人道의 윤리倫理로 삼으셨던 것입니다.

그러므로 공자님의 위대한 업적이라면 여타의 종교와는 달리 천당이나 지옥을 가는 전후생의 교리가 아닌, 현생에서 사람이 사람답게 되는 도덕성과 인간미의 윤리倫理로 교지를 삼으신 점입니다. 때문에 저 유교儒敎의 삼강오륜은 오늘날까지도 온 인류의 기본 천심天心이 되고 있습니다.

음양오행을 제대로 아신 박사 한 분이 있습니다. 그것도 당연히 있어야 할 중국이나 한국의 사람도 아닌 덴마크의 보어 박사입니다.

박사는 음양오행의 정리의 법도가 상보·상극·상생이 되고 있음을 아셨습니다. 그래서 자신의 철학대학의 마크를 태극도太極圖로 설정해 놓고 있는 분입니다. 그래서 필자는 우스갯소리로 제대로 된 마크를 가진 나라가 덴마크라고 농담을 곧잘 합니다. 왜냐면 이상하게도 동양 사람으로서 음양오행학을 제대로 아신 분이 별로 없기 때문입니다.

또 한 분은 조선조 때 서산 대사의 제자 사암 도인舍巖道人이십니다. 사암 도인은 침술치료학鍼術治療學의 기본 철리를 음양오행의 정리定理에다 맞추어 놓았습니다. 그 논거로는 사암 도인이 직접 쓰신 『침구요결鍼灸要訣』이란 책이 그것입니다.

여기서 음양오행 생기生起의 철리哲理를 얘기하자니 불가피하게 행行 자의 철리를 먼저 알고 넘어가야 하겠습니다.

만법의 진리眞理는 모두 행行에서 비롯되었기 때문입니다. 물론 행行은 무명無明이라 이름 하는 마음마陰에서 비롯됩니다. 마음의 속성인 삼성三性이 서로 밀고 당기는 정반합의 행위에서 행行이 비롯되었습니다. 신통하게도 오행을 뜻한 세계 올림픽 오륜五輪 마크가 있습니다.

일체 만법은 모두 행行에서 비롯되고 있기 때문에 이래저래 행行 자의 뜻부터 제대로 알고 넘어가야 합니다.

제대로 알아야 만물의 창조의 원리原理와 그 만물의 성리性理를 바르게 알 수가 있습니다.

그렇다면 한문의 행行 자를 일단 파자로 풀어 보아야 합니다. 한문漢文 자체字體는 모두 사람의 육감에 맞춘 여섯 가지 의미가 한 덩어리로 뭉쳐져서 뜻이 되고 있는 글자이기 때문입니다.

그래서 한문漢文을 회의문자會意文字라 합니다. 회의문자會意文字란 여러 가지 의미를 한 글자에 모아서 무량한 뜻(義)을 담아놓고 있습니다. 그래서 저 행行 자의 뜻을 알기 위해서는 일단 회의문자인

행行 자를 파자로 풀어서 생각을 해 보아야 합니다.

행行 자를 파자로 풀어보면 좌변에 있는 글자는 서서히 걸어갈 척彳 자입니다. 그 척彳 자의 의미는 시계 반대방향으로 좌측에서 우측으로 돌아간다는 뜻의 척彳 자입니다.

그리고 우변에 있는 촉亍 자는 시계 방향으로 자축자축 걸어갈 촉亍 자입니다. 그러므로 행行 자의 뜻은 좌左측 우右측으로 왔다 갔다 한다는 뜻을 가진 행行 자가 되고 있습니다.

이렇게 좌우左右로 왔다 갔다 한다는 뜻의 글자가 행行 자입니다. 행行 자의 뜻이 이러하므로 지금 일월日月은 좌측에서 우측으로 시계 반대방향으로 돕니다.

그러므로 일월日月을 따라 순리대로 사는 양심良心적인 사람은 모든 것을 좌측에서 우측으로, 시계 반대방향으로 생각하고 행위를 합니다. 하지만 비양심적인 사람은 일월日月의 순리를 역행하며 삽니다. 그러므로 재앙이 부절합니다. 그래서 왼 좌左 자의 뜻은 '걸러내다'의 의미로 읽고 고사성어故事成語로는 시계 반대방향으로 사는 옳은 삶을 '좌우명左右銘'이라 했습니다.

좌우명의 그 깊고 높은 뜻은 시계 반대방향으로 생각하고 모든 행위를 하는 삶을 의미하고 있습니다. 그래서 옳게 사는 사람은 욕정으로 들끓고 있는 육감을 따르지 않고, 각성을 따르는 시계 반대방향으로 사는 삶의 철리를 고사성어로 '좌우명'이라 했습니다.

그런데 만약 지금 국어사전에 앉을 좌座를 넣어서 '좌우명座右銘'이라 했다면 앞에 앉을 좌座 자를 왼 좌左 자로 바로잡아 놓아야 합니다.

진리眞理가 돌아가는 행운行運의 이치가 이와 같으므로 선善하게 힘들게 살면 복락福樂이 오고, 쉽게 짐짓 육감을 따라 악惡하게 살면 우주의 질서가 언젠가는 박살을 내어 버립니다.

실제로 좌左나 우右로 도는 바람의 물리를 보면 일반 바람은 시계 방향으로 우에서 좌로 돕니다. 저 무서운 토네이도 같은 겁나는 바람은 시계 반대 방향으로 돕니다. 토네이도 같은 바람은 모든 것을 풍비박산風飛搏散을 시킵니다. 바람 자체가 부력과 중력이 막중합니다. 그래서 무엇이나 공중으로 날려서 풍비박산을 시킵니다.

시계 반대방향으로 도는 나선형 돌풍은 얼마나 부력과 중력이 강력한지 묵중한 수십 톤의 화물차를 가볍게 들어서 공중으로 날려 띄웁니다.

특히 행行 자의 철리로는 불교의 깃발인 만卍 자입니다. 본래로 만卍 자의 높고 깊은 뜻은 일체중생의 고뇌의 근본 뿌리를 풀어서 해체를 시킨다는 뜻으로 도설이 된 글자입니다.

그래서 모든 기계류의 부속품들도 보면 행行 자와 같이 모두 시계 방향으로 돌려서는 잠그고 풀 때는 시계 반대방향으로 돌려서 풉니다.

그런데 저 독일의 전쟁광 히틀러는 만卍 자를 완전히 시계 방향으로 휙 돌려 버렸습니다. 그래서 정신이 이상하게 되어버린 히틀러는 당대에 무서운 행行 자의 좌우명에 걸려서 참혹하게 생을 마감했습니다.

본래로 만卍 자는 제불의 가슴에만 있습니다. 그러므로 제불세존은 일체중생의 신심의 고뇌를 다 풀어 주셨던 것입니다.

무명인 마음에서 일어난 행行을 묘법妙法이라 합니다. 그 묘법은 불법에서는 12연기법이 되고 있습니다.

12연기법은 아무것도 없는 무명無明인 마음摩陰이 정반합을 하는 행위로 행行이 일어나고, 그 행행이 열두 번이나 반복되면서 구경究竟의 무에서 필경에는 생노병사를 끝없이 하는 유기체인 생명체 몸이 생기게 됩니다.

그러므로 그 생명성을 가진 몸과 마음의 고리를

푸는 지혜는 곧 반야심경입니다. 저 반야심경의 지혜는 근본 무명인 몸과 마음을 환히 다 깨닫고 다아는 각성覺性을 돌이켜 주시해 보는 관심법觀心法입니다. 필자는 이를 자신의 각성을 주시해 본다는 뜻으로 각관覺觀이라 합니다. 說主

10. 오행五行의 생기설生起說

그러면 지금부터 인류가 항상 주일週日로 써오고 있는 음양오행陰陽五行에서 오행인 금金, 목木, 수水, 화火, 토土가 생기된 까닭을 얘기해 보겠습니다.

저 오행은 하늘에서는 금성金星, 목성木星, 수성水星, 화성火星, 토성土星이 되고 있습니다. 그리고 세상 만물로는 금金, 나무(木), 물(水), 불(火), 흙(土)이 되고 있습니다.

그리고 중생의 몸으로 들어가서는 오장오부五臟五腑가 되고 있습니다. 그리고 저 오행이 물리로 가서는 5대원소五大元素가 되고 있습니다.

그 5대원소五大元素란 [金]자기장, [木]산소, [火]탄소, [水]수소, [土]질소를 말합니다.

하지만 지금 여기서 말하는 오행의 불가사의不

可思議 복덕성福德性은 모두 심자心子분의 -11승에 있는 진묘각眞妙覺의 진공장眞空藏임을 기억해 두 십시오.

첫 번째 금金의 생기설生起說

우선 금金의 생원에 관한 얘기부터 해야 하겠습니다. 왜냐하면 저 무변 허공계의 밑바탕에는 자기장이란 금金이 받치고 있기 때문입니다.

금金의 생원에 관해서는 오직 석가세존을 제외하고는 그 누구도 모릅니다.

왜냐하면 금金은 태양의 십조 배나 더 밝은 청정묘각淸淨妙覺의 염부단금의 빛이 허공에 염착染着되면서 굳어진 금보金寶이기 때문입니다.

그러므로 묘각을 성취하신 제불세존을 제외하고는 금金의 생원에 관해서는 아무도 알 수가 없습니다. 왜냐하면 제불의 법신法身은 금색신金色身으로 빛나는 금보金寶이기 때문입니다. 그래서 제불은 금金이 생기게 된 원인을 환히 다 봅니다.

중생들처럼 무엇을 아는 지식이 아니고 환히 다 봅니다. 이렇게 보는 지견智見을 지혜智慧라 합니다.

세존의 말씀에 의하면 저 청정묘각의 무량광명장의 빛이 저 무변 허공계를 머금고 세월없이 비추는 그 과정에서 허공이 자연스럽게 금빛으로 염착染着되었다고 합니다.

명묘明妙하고 묘명妙明한 청정묘각의 빛이 무변허공계를 다 머금고 있는 그 과정에서 붉은 염부단금의 빛이 허공 속으로 스며들면서 굳어진 견애물堅碍物이 곧 금金이라 하셨습니다.

마치 흰 종이가 햇볕을 오래 쬐게 되면 자연스럽게 누렇게 뜨는 것처럼 말입니다.

너무나 불가사의하게 밝은 대광명장이 저 무변허공계를 머금고 무시로 비추어 쬐고 찌는 그 과정에서 무량한 진공의 광자가 허공 속으로 스며들면서 굳어진 견애물堅碍物이 금金이라 합니다.

그래서 손바닥으로 허공을 흔들어 보면 꼭 무엇이 손바닥에 부딪히는 듯한 느낌을 받습니다.

이것이 바로 저 금보金寶라고 하는 우주의 자기

장입니다. 저 금보인 자기장이 있음으로 말미암아 비눗방울과 같은 허공이 펑 하고 터지지 않고 그대로 유지되고 있습니다.

그러므로 지금도 공중으로 비행기가 날고 우주선이 달나라를 마음대로 왕래하는 것입니다.

다시 말하면 묘각의 빛 진공의 무량광자가 저 무변 허공계 속으로 스며들면서 굳어진 진공장眞空藏을 자기장이라 하고, 그 자기장의 입자들이 굳어진 것을 금金이라 합니다.

중생의 소견으로는 묘각妙覺의 빛이 허공에 염착染着되어서 생긴 것이 금金이라 생각하면 됩니다. 그러므로 모든 사찰에 가보면 대소법당에는 도금한 금불상을 쉽게 볼 수가 있습니다. 비록 도금鍍金을 한 금불상들이지만 수행을 해서 진공묘유眞空妙有의 영적 경지에 들어간 부처님들은 모두가 금색신金色身을 하고 있습니다. 그러므로 함부로 절에 모셔놓은 불상들을 신복의 우상물로 생각하면 안

됩니다.

세상 사람들은 금金이라고 하면 금광석金鑛石을 녹여서 뽑아낸 금金인 줄로 알고들 있습니다. 하지만 아닙니다. 금金 자체는 어떤 물질도 아니고 그렇다고 무슨 원소나 원기인 기체도 아닙니다. 그러므로 금金 자체는 광석에서 생길 수 있는 성질이 아닙니다.

세계적으로 유명한 물리학 박사들도 금金은 모릅니다. 금金 자체는 분석이 불가능합니다. 그러므로 금金은 고금 없이 신비의 보물寶物이 되고 있습니다.

금성金性의 자기장은 무변 허공계를 두루 감싸고 돌면서 시방세계를 잘 보호유지保護維持한다고 해서 금보金寶를 금륜金輪(자기장)이라 합니다.

지금 필자가 설하고 있는 금金의 생원설은 인류 역사상 그 누구도 밝힌 바가 없으므로 들어보지도 못한 값진 정보일 것입니다.

유래가 없는 금金의 생원설에 관한 학설을 필자가 펼 수가 있는 것은 필자는 일찍이 참으로 난해한 수능엄경을 쉬운 우리말로 해설하는 과정에서 너무나 놀라운 발견을 했습니다.

그것이 지금 여기서 밝히고 있는 마음의 생원설과 음양오행의 생기설입니다. 그러므로 지금 펴고 있는 금金의 생원설은 모두 수능엄경에서 세존께서 설하신 말씀입니다.

그런 줄 알고 잘 읽어 두세요. 읽어만 두어도 참으로 안다는 앎의 지력이 무엇인가를 깨달을 날이 반드시 올 것입니다.

저 오행五行의 금보金寶가 우주로 가서는 자기장이 되고, 중생의 몸으로 들어가서는 정신활동을 하는 대뇌와 생명활동을 하는 폐肺와 대장大腸이 되어 있습니다.

두 번째 목木의 생기설

두 번째는 일체 행위를 뜻하고 있는 풍동風動이라고 하는 목木입니다.

일체 행위는 모두 마음에서 비롯되었습니다. 오행의 목木을 잘못 생각하면 산에 있는 나무로만 생각할 수가 있습니다. 물론 산에 있는 나무로 보아도 별 무리는 없습니다. 왜냐면 산소란 공기는 나무로부터 얻고 있기 때문입니다.

그러나 오행에서 말하는 목木의 높고 깊은 뜻은 진리眞理라고 말하는 일체 만법의 행行을 뜻하고 있습니다.

목木의 행위는 과연 어디로부터 어떻게 해서 일어니게 되었을까? 하는 의문에 대해서는 앞에서도 누차 이해를 도왔습니다.

세상에는 풀 수 없는 수수께끼가 한둘이 아니지요. 그 수수께끼 중에도 저 숱한 유·무식의 귀족들

이 스스로 차고 다니는 시계의 바늘이 왜 12시일까? 하고 생각 한 번 제대로 해 본 사람도 별로 없을 것입니다.

그런데 필자의 손녀가 네 살 때 "할아버지 왜 시간은 열두 시에요?"라고 하면서 매우 통명스럽게 물어 왔습니다. 속으로 어찌나 반갑던지 너무나 감격해 하면서 "도사 할배의 손녀가 어찌 그리도 통명스럽게 질문을 하세요?"라고 반문했더니 "아버지께 물어 보았더니 모른다고 하면서 할아버지에게 물어보라고 해서 그래요." 하였습니다.

아, 보라. 자식들의 물음에 아비가 아비노릇을 제대로 못하면 단박에 자식들로부터 천대를 받습니다.

"효정아, 네 아버지만 모르는 질문이 아니다. 지금 온 인류가 다 모를 것이다."

하면서 먼 산에서 일을 하다가 번개같이 아들집으로 달려갔습니다. 너무나 기쁜 나머지 사랑하는 손녀에게 우선 통쾌한 물음에 극찬부터 했습니다.

"세상에 그 누구도 감히 묻지를 못하는 시간의 생원설을 네가 어찌 물었느냐?"

하면서 시간의 생원에 관한 얘기를 재미있게 들려주었습니다.

"효정아, 해와 달은 어디서 뜨고 지느냐?"

"동쪽에서 서쪽으로 뜨고 집니다."

"그러면 남북은?"

"앞과 뒤는 남북이 되지요."

"그러면 동서 사방은 분명해졌다. 그리고 네가 물은 시간은 분명 어제가 있고 오늘이 있고 내일이 있다. 그러면 저 공간의 사방과 시간의 삼시三時를 곱하면 얼마가 되느냐?"

그랬더니 대번에 손녀가 말했습니다.

"예, 알았어요. 하루의 시간이 왜 12시時인지."

온 인류여, 참 앎이 무엇인가를 단 한 번이라도 생각을 좀 해보고 사세요. 사람의 수명은 길어 봐

야 일 분이 채 못 됩니다. 지금 당장 코로 숨이 50초만 안 통해도 성질 급한 놈은 단박에 죽습니다. 사람의 무호흡은 길어도 삼분이 채 못 됩니다. 3분 이전에는 다 죽습니다. 죽어서는 그 영혼은 또 어디로든 가야만 합니다.

갈 때에 알 것을 알고 산 사람은 빛이 환한 세계로 갑니다. 그러나 알 것을 모르는 무식꾼들은 빛이 전연 없는 흑암지옥으로 직행을 합니다. 필자의 눈에도 사람은 죽어서 다시 사람이 되기란 하늘에 별 따기입니다. 다수가 죽으면 축생과에 떨어집니다. 왜냐하면 오늘날 인류의 다수가 말초신경의 환각에 미쳐서 살고들 있기 때문입니다.

이렇게 말초신경의 환각으로 사는 세상을 말세未世라 합니다. 심지어 동물인 개나 고양이 같은 짐승과 더불어 한 이불 속에서 살고들 있으면서 제 부모나 스승은 예사로 푸대접을 합니다. 이 모양의 인류의 고질병은 고금이 없습니다.

독일의 유명한 철학자 니체가 태어나는 날 배를 잡고 폭소를 했다고 합니다. 웃음의 의미는 고금 없이 인간들은 알 것은 제대로 묻지도 못하면서 부질없는 지식 투쟁을 즐기는 세상이 너무나 기가 차서 가가대소呵呵大笑를 했다고 합니다. 바로 그 선각자님의 웃음소리를 한번 들어나 보시렵니까?

"나는 세상 사람들이 나를 어떻게 평가를 하든 그에는 아무런 관심이 없노라. 다만 나는 어린애들처럼 저 바닷가에서 조약돌이나 주워가지고 좋아라고 하는 철부지에 불과하노라. 저 대양과 같은 진리는 아무것도 모른 채."

그렇습니다. 니체도 세상의 무지를 개탄을 했습니다.

깨알같이 많은 저 삶의 지혜는 아무것도 모른 채 무지막지하게 살아가는 인생의 슬픔을 이렇게 노래로 읊었던 것입니다.

지금 온 인류는 휴대폰에 미쳐 있습니다. 하지만

저 휴대폰 속에서 조 단위의 숫자가 재롱을 떠는 진리는 아무것도 모른 채 말입니다.

필자는 옛날 서부 개척사에 별 같은 황야의 무법자를 매우 사랑했습니다. 지금은 진리를 물어 씹고 사는 망령의 못된 버릇을 바로잡아 주는 망령의 무법자가 꼭 필요한 시대라 봅니다. 그 망령의 무법자는 지금 이 필자입니다. 금세기 인류는 고등교육은 다 받았습니다. 그런데도 삶의 지혜는 하나도 없습니다.

이 모양의 세상이 된 것은 저 무지막지無知莫知한 정치꾼과 정치 교육자들의 망령 때문입니다. 저 미친 망령들이 삶의 지혜를 몽땅 다 물어 씹어 놓았습니다. 그래서 필자는 황야의 무법자와 같은 망령의 무법자로 둔갑을 했습니다. 세상이 너무나 망측해서 말입니다.

조상의 지혜는 있는 대로 몽땅 짓밟고 다니는 저 망령의 식자 패거리들을 도저히 그냥 지나쳐 볼 수가 없습니다. 그래서 80고령에도 이 글을 쓰고 있습니다.

무엇을 망령의 무법자라 하는가를 몇 가지 실례를 들어 보겠습니다.

한국은 특히 기업형 대학도 엄청 많습니다. 그런데 저 대학大學이란 이름의 명리命理를 제대로 아는 대학의 총장도 별로 없습니다. 물론 총장 자신도 당연히 모르지만 소위 영재라고 하는 명문대 학생들도 대학의 명리가 무엇이냐고 묻지도 못합니다.

만약에 누가 "대학의 명리가 무엇입니까?"라고 묻는다면 "고등학교 위에 있는 학교가 대학이지."라고 하는 식입니다.

아닙니다. 대학大學이란 대방광학大方廣學에서 앞의 '대大' 자를 따고 뒤에 보여준다는 뜻의 뵈울 '학學' 자를 따서 대학大學이라 했습니다.

그러므로 대학 졸업식의 행사 때 보면 반드시 사각모자四角帽子를 쓰고 졸업식을 올립니다. 왜냐하면 대방광학大方廣學의 뜻을 형이상학으로 보면 사각모四角帽가 제격이기 때문입니다.

그리고 또 진정한 법法은 일체를 용서하는 관용이 최선법最善法입니다. 그러나 세상의 국법은 모두가 필요악의 악법惡法입니다. 그러므로 법관들의 정복을 보면 자신이 만든 법에 자신이 걸려서 죽은 한비자韓非子의 자손이란 뜻으로 법복法服의 앞가슴에는 '비非' 자로 얽어 놓은 법복을 입습니다. 그리고 머리 위에 쓰는 관모는 삼각모三角帽입니다.

저 삼각모三角帽의 뜻은 검사는 한쪽만 보아야 하고 판사는 그 양면을 살펴야 하고 대법관은 삼면을 본다는 뜻으로 삼각모三角帽를 쓰고 있습니다.

그런데 말입니다. 이 같은 삶의 지혜가 망령의 늪에서 망각되어 버린 지혜가 어찌 이뿐이겠습니까?

혹 어린애들이 여자와 남자의 성기는 왜 달라요? 라고 묻거나 어머니의 젖꼭지에서는 어째서 뽀

얀 젖이 나와요? 라고 물어오면 어른들의 대답은 참 수월해서 좋습니다. 제 얼굴에 침 뱉는 답으로

"그런 질문은 철부지들이 하는 물음이야."

성직자의 맹신의 답은 "창조주이신 하나님의 뜻이야."라고 말하면 됩니다.

어린이들이 묻는 질문들은 진리의 씨앗을 묻고 있습니다. 그런데 어른들의 대답은 언제나 가지나 잎을 얘기합니다.

그래서 젖꼭지(乳頭)에서 뽀얀 젖이 나오는 이치의 대답은 이렇게 하면 근사합니다.

"인류는 여성을 신神과 같이 신성시 해 왔었단다. 그래서 여신상女神像은 있어도 남신상男神像은 없다. 있어도 전쟁광들뿐이다. 그것은 여성에게만은 창조의 신비가 있단다. 그 창조의 신비가 바로 네가 물은 뽀얀 젖이 나오는 유방의 신비란다. 그 뽀얀 젖이 나오는 원인은 어머니들의 지극한 모성애로 붉은 피가 젖꼭지를 통해서 나오는 순간 뽀얀

젖으로 변한단다. 그러므로 어머니의 가슴에 달린 두 개의 유방은 애들을 잘 키운다는 뜻으로 '애 댄 동산'이라고 찬미해 왔단다."

이렇게 대답을 하면 서너 살배기 어린이들에게는 가장 아름다운 답변이 됩니다.

철이 좀 들은 어린이가 물었다면

"여성에게 있는 유방을 사랑의 감로병이라 한단다. 그러므로 어머니의 지극한 모성애가 절정에 이르면 붉은 피가 신비로운 백혈로 변하는데, 반드시 엄마의 젖꼭지를 통해서 밖으로 나오는 순간 달고 향기로운 뽀얀 젖으로 변한다고 한다."라고 답을 해주면 어린애들이 알고 싶어 하는 진리의 뿌리에 근접하게 됩니다.

또 어린이가 묻기를 "어째서 여성과 남성의 성기는 달라요?"라고 물어 왔을 때의 답변입니다.

"남성과 여성은 성행위로 성정이 절정에 달하게 되면 자연스럽게도 정신신경성 신기루인 오르가슴

이 일어난단다. 이때에 남성은 숨을 밖으로 토하고 여성은 숨을 안으로 들이쉬게 된다. 그래서 남성은 오르가슴이 일어날 때 혀가 뜨거워지고 여성은 반대로 혀가 싸늘해진다. 네가 한번 숨을 토해 보거라. 분명 숨을 토하게 되면 입술은 따뜻해지고 숨을 들이쉬게 되면 단박에 입술이 싸늘해진다. 그래서 남녀가 성행위로 일어나는 오르가슴의 속성 때문에 남성은 성기가 밖으로 나오고 여성은 성기가 안으로 들어가 있게 되었단다.”

이렇게 답변을 해 주면 어린이들이 알고 싶은 진리의 뿌리에 근접하게 됩니다. 이래서 필자는 어린이가 묻고 할아버지가 답변을 해 주는『백문백답』이란 책을 세상에 벌써 펴 내놓았습니다.

이제 서 황야의 무법자 현대판 망령의 무법자 얘기는 여기서 이만 하겠습니다.

세 번째로 화火의 생기설

오행에서 말하는 화火는 우주에 두루한 열 에너
지장을 말합니다. 물론 열을 내는 불(火)을 뜻합니
다. 과연 열을 내는 그 화火는 어떻게 해서 생기게
되었을까요?

마음의 속성인 양성의 의식意識과 음성의 무의
식無意識이 중성인 잠재의식潛在意識의 자극으로
해서 마음의 속성 세 개가 광속으로 동하게 되었
습니다.

이렇게 동動하는 행위를 풍목風木이라 합니다.
동하는 바람이 광속으로 돌면서 엄청난 바람이 저
무변 허공계를 두루 머금고 있는 우주 자기장磁氣
場을 맹렬하게 마찰을 시켰습니다. 그 마찰로 말미
암아 우주에는 전기의 에너지가 시방세계에 두루
하게 되었습니다.

저 열 에너지가 우주에 두루하므로 오행의 화火

를 화륜火輪이라 합니다. 저 화륜火輪의 신비가 일체 중생의 머리로 들어가서는 소뇌가 되었고, 장부臟腑로 가서는 심장心臟과 소장小腸이 되어서는 정신 활동을 하고 있습니다.

네 번째 수水의 생기설

저 시방세계를 휘감아 돌고 있는 바람을 풍륜風輪이라 했습니다. 풍(木)인 그 바람이 허공계를 품고 있는 자기장인 금金을 심하게 마찰시킴으로 해서 일어난 불꽃을 오행의 화火라고 했습니다.

바로 그 오행의 화火의 불꽃은 위로만 솟구치는 성질이 있습니다.

그 성질로 불꽃이 위로 솟구치면서 차고 윤택한 찬 자기장인 금륜金輪을 심하게 찜질을 하게 됩니다.

이렇게 열 에너지가 금을 훈증熏蒸하는 과정에서 차고 윤택한 자기장인 금륜金輪에서는 촉촉이 젖는 습한 수소분자가 생기게 되었습니다.

그 수소의 분자들이 모여서 마침내 물(水)이 되었다고 합니다.

이를 오행五行의 수水라 하고 저 수水가 시방세계를 두루 다 머금고 있다고 해서 수륜水輪이라 합니다. 저 수륜水輪이 일체중생의 머리로 들어가서는 간뇌間腦가 되었고, 장부臟腑로 가서는 신장腎臟과 방광膀胱이 되어서는 일체중생들의 종족 본능이 되고 있습니다.

다섯 번째 토土의 생기설

오행의 금金은 묘각의 빛이 허공을 굳혀서 생겼음을 앞에서도 밝혔습니다. 또한 오행의 목木은 마음의 속성 세 개가 서로 밀고 당기는 과정에서 풍동風動인 목木이 생기게 되었음도 밝혔습니다.

바로 저 풍동風動인 목木이 묘각의 빛으로 굳어진 자기장인 금金을 마찰시켜서 일어난 화火가 역으로 자기장인 금金을 세월없이 찜질을 하는 그 과정에서 수水가 생기게 되었음도 알았을 것입니다.

그러므로 저 불(火)이나 물(水)은 결국 같은 금金을 모체로 해서 생기게 되었습니다.

그런데 문제는 같은 금金을 모체로 해서 생긴 형제와 같은 수水와 화火는 성격 자체가 정반대입니다. 정반대란 수화水火는 서로 밀치는 특수상대성이 있다는 얘기입니다.

바로 그 특수상대성 원리로 저 무변 허공계에는

엄청난 중력장重力場이 생기게 되었습니다.

그 중력장의 엄청난 기압이 저 무변 허공계에 가득한 먼지들을 광속으로 도는 풍륜風輪이 무량한 티끌들을 둘둘 뭉쳐서는 지금 우리가 사는 지구와 같은 천체들을 무량하게 우주에다가 뿌려 놓았습니다.

이렇게 해서 생긴 천체들을 오행의 토土라 합니다. 뿐만 아니라 불과 물의 특수상대성 원리로 시방세계는 질서 정연하게 조화의 꽃을 피우고 있습니다. 그래서 선각자들은 저 수화水火의 신비를 수화기제水火旣濟라 했습니다. 이렇게 수화기제水火旣濟인 중력장의 신비로 시방세계와 삼라만상은 질서 정연하게 조화의 꽃을 피우고 있습니다.

이제 마무리를 하겠습니다.

석가세존은 성도하시고 일체 만법의 창조주와 구세주는 다름 아닌 마음이 되고 있음으로 '일체유

심조一切唯心造’라고 하셨습니다.

그러므로 저 마음이 고요히 부동하는 쪽으로는 무변 허공계가 되었고, 저 마음이 동하는 쪽으로는 시방세계와 중생계衆生界가 다 창조되었습니다.

필자는 이 자리를 빌어서 감사의 인사를 드릴 두 박사님이 계십니다. 한 분은 저 독일의 심리학자이신 프로이드 박사입니다. 필자가 밝히고 있는 마음의 생원설에서 마음의 삼성三性인 의식意識, 잠재의식潛在意識, 무의식無意識 설說은 박사의 것입니다.

그리고 한 분은 영국의 우주물리학자 호킹 박사입니다. 제가 이 책에서 설명한 우주중력장 이론과 블랙홀과 화이트홀 이론도 그 토대는 호킹 박사의 것입니다. 그래서 필자는 두 분을 무척 사랑합니다.

호킹 박사는 한평생 희귀병으로 무척 고생을 하시다가 얼마 전에 세상을 떠나셨습니다. 하지만 다

음 생에는 반드시 마음 없음의 영원한 깨달음으로 돌아갈 것입니다.

이제 오행五行의 생기설生起說을 정리하면서 오행五行이 정반합의 정리로 삼라만상이 창조되고 있는 논거를 밝혀 두겠습니다.

저 수水보다도 토土와 화火의 기운이 더 세면 불기둥이 흙을 밀어 올려서 대륙이 되고 고산이 됩니다. 그리고 또 화火와 토土보다 수水가 더 많으면 바다가 된다고 합니다.

여기서 잠깐 저 바다가 생기게 된 그 근본 뿌리 얘기를 좀 들어보세요.

지금으로부터 25억 6천만 년 전만 해도 지구는 벌겋게 달아오른 불덩이였다고 합니다. 이렇게 지구는 40억 년 이상을 맹렬한 불길로 달아올랐다고 합니다.

앞으로 15억 6천만 년이 지나면 지구는 다시 그와 똑같은 현상이 일어날 것입니다. 왜냐면 지구도 새롭게 단장을 해야 하기 때문입니다. 그렇게 벌겋게 달아올랐다가 56억 7천만 년 후에는 지금 이 지구촌은 유리의 대지가 됩니다.

저 바다가 생긴 까닭은?

옛날에 지구가 벌겋게 달았던 맹렬한 고열의 열기가 승천권에서 차디찬 냉기를 만나면서 더운 그 열기는 졸지에 큰 수레바퀴만 한 빗방울이 되었다고 합니다.

그 큰 빗방울이 지구촌에다가 500년 동안 계속해서 물을 쏟아 부었다고 합니다. 그때의 모인 빗물이 지금의 바다라고 합니다.

그러면 왜 바닷물은 짠가요?

지구촌에 물이 생기면서 무량한 중생들이 존재하게 되었습니다. 그 숱한 중생들이 먹고 싸고 해 놓은 온갖 더럽고 부정한 오물들이 수십억 년 동안

을 모이고 쌓이면서 싱거운 맹물이었던 바닷물도 짠 소금물이 되었다고 합니다. 그래서 대양大洋은 온갖 더럽고 추한 물을 다 받아들입니다. 이렇게 물은 무엇이나 다 받아들인다고 해서 저 대양의 이름을 바다波多라 했다고 합니다.

실제로 바다波多는 하늘에서 내리는 빗물이나 지구촌에 일체중생들이 쏟아내 버리는 온갖 부정한 오물을 다 받아들입니다.

하지만 단 한 가지만은 받아들이지를 않습니다. 동물의 죽은 시체나 온갖 쓰레기만은 절대로 받아들이지 않는다고 합니다. 그래서 바다는 열 가지 불가사의밖에 없습니다.

하지만 저 대지는 바다보다 한 가지가 더 많은 11가지의 불가사의가 있습니다. 그 한 가지가 온갖 더럽고 부정한 쓰레기들을 몽땅 다 받아들이는 불가사의입니다. 그러므로 땅의 흙은 아무리 더럽고 추한 오물이라도 흙속에만 들어가면 안녕입니다.

그리고 또 저 바다는 쉼 없이 육지로만 달려듭니다. 그 까닭은 지구의 중심에는 육천 도가 넘는 고열로 풀풀 끓고 있기 때문입니다. 그 고열로 지표에는 항상 열이 있습니다. 그러므로 저 차디찬 바닷물은 따뜻한 대륙으로 세월없이 더운 육지로만 달려듭니다. 이것이 저 파도의 생리입니다.

그래서 바다의 물은 대양 가운데 외롭게 홀로 솟아 있는 조그마한 돌덩이 하나에도 세월없이 사방에서 파도가 달려듭니다.

이것을 냉온자지冷溫自至의 법칙法則이라 합니다. 냉온자지의 법칙이란 차고 더운 것은 서로 밀고 당긴다는 뜻입니다.

저 냉온자지冷溫自至의 법칙으로 말미암아 바다는 쉼 없이 육지로만 덤벼들므로 바다 가운데는 오물이란 한 점도 있을 수가 없게 되었습니다.

그러면 왜 바닷물은 파란가요?

바닷물의 색상이 파란 것은 햇빛은 물을 만나면 빛의 각도가 90도로 꺾입니다. 꺾이면서 빛은 수평으로 횡진을 합니다. 빛이 수평으로 횡진을 하면 물은 파랗게 보입니다. 그러므로 바닷물은 항상 푸르게 보입니다.

물론 빛의 속성인 천간天干의 법칙으로 방향에 따라서 물색이 좀 다르게 보입니다. 그래서 북쪽은 검게 보이고 남쪽은 남색으로 보이고 서쪽은 황색으로 보이고 다만 동쪽만 늘 파랗게 보입니다. 이것은 다 천간天干이라 하는 태양빛의 법도 때문입니다.

이제 본론으로 들어가 보겠습니다.

저 물보다 불의 기운이 더 세면 흙을 밀어 올려서 대지에는 높은 고산이 있게 되었다고 합니다. 그래서 고산에 있는 돌을 서로 마주치면 불꽃이 일어나고 녹으면 물이 되고 삭으면 다시 흙으로 돌아갑니다.

또 불기운보다 물 기운이 더 성하면 흙을 밀어 올려서는 온갖 초목이 된다고 합니다. 그래서 초목은 짜면 물이 나오고 마찰을 시키면 불꽃이 일어나고 타면 재가 되어서는 다시 흙으로 돌아갑니다.

대륙에 있는 만물은 수水-화火-토土의 특수상대성 원리인 수화기제水火旣濟에서 꼼짝을 못합니다. 저 수화기제水火旣濟의 법도에서 수水, 화火, 토土가 누가 더 월등하고 열등한가에 따라서 만물은 서로 각별한 꼴로 다르게 공존하다가 마침내 다시 흙으로 다 돌아갑니다.

그러므로 저 흙의 불가사의 복덕성은 심자분의 -11승이 되고 있습니다. 따라서 흙은 온 인류를 다 먹여 살리고 있으면서도 조금도 변함이 없습니다. 이를 부증불감不增不減 불구부정不垢不淨이라 합니다.

아, 온 인류여. 이제 각성覺性의 여명黎明인 마음이 창조주요 구세주임을 알았을 것입니다 분명히 알았으니 이제 저마다 깨닫고 아는 자기 각성으로 돌아갑시다. 각성으로 돌아가서 이제 이 마음도 훨훨 벗어 던지고 빛나는 대광명장으로 돌아갑시다. 說主

안녕

끝 [終]

크게 깨닫는 마음의 경

각성의 눈으로 항상 보살피는 자가 깨달음으로 나아
갈 때에 이 몸과 마음을 돌이켜 보니 모두가 다 텅 비었
더라. 이런고로 모든 고액이 다 어디에 있는가. 지혜로
운 자여 모든 만물은 공과 다르지 않고 허공이 또한 물
질과 다르지 않나니 일체 모양은 곧 공(空)이요 공은 즉
물질이니 우리 마음을 이루고 있는 감각과 의식과 의지
와 앎도 꼭 그와 같노라.

슬기로운 이여! 모든 진리가 다 텅 빈 생각이니 그것
은 나지도 않고 멸하지도 않으며 더럽지도 않고 깨끗한
것도 아니며 늘어나는 것도 아니고 줄어드는 것도 아니
며 텅 빈 가운데는 그 무엇도 없으며 마음과 눈, 코, 입,
몸, 뜻이 또한 없나니 없는 고로 물질과 소리와 냄새와
맛과 느낌 같은 앎이 어디 있겠는가. 밖으로 보이는 것
과 의식의 세계도 없으며 없는 고로 마음인 무명도 없
고 무명이 없다는 것도 없으며, 없는 고로 마침내 늙고
죽음도 역시 있을 수 없나니라.

괴로움의 뿌리인 집착을 멸하여 버리는 길도 없으며

지혜도 역시 얻을 것이 없으며 이렇게 얻을 것 없는 것을 얻는 고로 옳게 깨달음에 이른 보살들도 다 이 반야심경을 의지하는 고로 마음에 걸릴 것이 없으며 막힐 것도 없으므로 두렵고 겁날 것이 어디 있으랴.

혼돈된 망상을 멀리 떠나 마침내 열반에 이른 삼세의 모든 부처님도 반야심경과 같이 생각하고 닦으므로 한없는 세월동안 무량한 고행에서 무여열반을 얻었다.

그런고로 알라.

이 해탈로 가는 마음의 경은 크게 육신통을 얻게 하는 궐월(呪)이며 훌륭하게 삼명을 밝히는 궐월이며 이이상 없는 궐월이며 더 이상 비길 데 없는 궐월이니 능히 일체 모든 고뇌를 제하야 버릴 수 있고 진실하야 헛됨이 없노라. 실상에 이르는 신비로운 궐월을 설하노니 주(呪)는 곧 이러하니라.

"아제 아제 바라아제 바라승 아제 모지 사바하"(3번)

(어서 가세 어서 가세 저 깨달음의 실상으로 돌아가세)

摩訶般若波羅蜜多心經
마 하 반 야 바 라 밀 다 심 경

觀自在菩薩 行深般若波羅密多 時 照見五蘊
관 자 재 보 살 행 심 반 야 바 라 밀 다 시 조 견 오 온

皆空度 一切苦厄
개 공 도 일 체 고 액

舍利子 色不異空 空不異色 色卽是空 空卽是
사 리 자 색 불 이 공 공 불 이 색 색 즉 시 공 공 즉 시

色 受想行識 亦復如是
색 수 상 행 식 역 부 여 시

舍利子 是諸法空相 不生不滅 不垢不淨 不增
사 리 자 시 제 법 공 상 불 생 불 멸 불 구 부 정 부 증

不減 是故 空中無色 無受想行識
불 감 시 고 공 중 무 색 무 수 상 행 식

無眼耳鼻舌身意 無色聲香味觸法 無眼界 乃
무 안 이 비 설 신 의 무 색 성 향 미 촉 법 무 안 계 내

至 無意識界
지 무 의 식 계

無無明 亦無無明盡 乃至 無老死 亦無老死盡
무 무 명 역 무 무 명 진 내 지 무 노 사 역 무 노 사 진

無苦集滅道 無智亦無得 以無所得故
무 고 집 멸 도 무 지 역 무 득 이 무 소 득 고

菩提薩陀 依般若波羅密多故 心無罣碍 無罣
보리살타 의반야바라밀다고 심무가애 무가

碍故 無有恐怖 遠離顚倒夢想 究竟涅槃
애고 무유공포 원리전도몽상 구경열반

三世諸佛 依般若波羅密多 故得阿耨多羅三藐
삼세제불 의반야바라밀다 고득아뇩다라삼먁

三菩提
삼보리

故知 般若波羅密多 是大神呪 是大明呪 是無
고지 반야바라밀다 시대신주 시대명주 시무

上呪 是無等等呪 能除一切苦 眞實不虛
상주 시무등등주 능제일체고 진실불허

故說 般若波羅密多呪 卽說呪曰
고설 반야바라밀다주 즉설주왈

揭諦揭諦 波羅揭諦 波羅僧揭諦 菩提 娑婆訶
아제아제 바라아제 바라승아제 모지 사바하

(3번)

신묘장구대다라니

　　나모라 다나다라 야야 나막알약 바로기제 새바라야
모지사다바야 마하사다바야 마하가로 니가야 옴살바
바예수 다라나 가라야 다사명 나막 가리다바 이맘 알
야 바로기제 새바라 다바 니라간타 나막 하리나야 마발
다 이사미 살발타 사다남 수반 아예염 살바보다남 바바
말아 미수다감 다냐타 옴 아로계 아로가 마지로가 지가
란제 혜혜 하례 마하모지 사다바 사마라 사마라 하리나
야 구로 구로 갈마 사다야 사다야 도로 도로 미연제 마
하 미연제 다라 다라 다린 나례 새바라 자라 자라 마라
미마라 아마라 몰제 예혜혜 로계 새바라 라아미사미 나
사야 나베 사미사미 나사야 모하자라 미사미 나사야 호
로 호로 마라호로 하례 바나마 나바 사라사라 시리시
리 소로소로 못쟈못쟈 모다야 모다야 매다리야 니라간
타 가마사 날사남 바라 하라 나야 마낙 사바하 싣다야
사바하 마하 싣다야 사바하 싣다 유예 새바라야 사바하

니라간타야 사바하 바라하 목카 싱하목카야 사바하 바나마 하따야 사바하 자가라 욕다야 사바하 상카 섭나녜 모다나야 사바하 마하라 구타 다라야 사바하 바마사간타 니사 시체다 가릿나 이나야 사바하 먀가라잘마 이바사나야 사바하

나모라 다나다라 야야 나막알야 바로기제 새바라야 사바하(3번)

일체유심조 一切唯心造

초판 1쇄 발행 2020년 4월 7일

지은이 | 천명일

펴낸이 | 이의성

펴낸곳 | 지혜의나무

등록번호 | 제1-2492호

주소 | 서울시 종로구 관훈동 198-16 남도빌딩 3층

전화 | (02)730-2211 팩스 | (02)730-2210

ⓒ천명일

ISBN 979-11-85062-32-7 03220